LES COMPAGNONS DU SOLEIL

DRAME EN SIX ACTES

PAR

M. PAUL DE JAY

Représenté pour la première fois, à Paris, sur le Théâtre Beaumarchais, le 26 avril 1873.

DISTRIBUTION DE LA PIÈCE

MAXIMILIEN	MM. Marius.	LE LIEUTENANT ROGER	MM. Raoul.
LE CHEVALIER DE MONGE	Léonce.	SAMUEL GUNHBI	Lemier
LE MARQUIS DE SAINT-CHRISTOL	Dunoyer.	HASTYER	St-Ern st.
D'OBERVAL	Montval.	DIANE DE MONGE	MM^{es} Wilson.
VINCENT BAUDRY	Farré.	PHILOMÈNE, femme de Patrice	Aumont.
PATRICE	Didier.	MARCELINE, gouvernante	R. Debrou.

COMPAGNONS DU SOLEIL, UN COCHER, UN CUISINIER, SOLDATS. L'action se passe à Avignon, vers 1798.

ACTE PREMIER

Chez le chevalier de Monge : un salon. — Porte et fenêtre au fond. — Portes à gauche. — Cheminée et canapé, siège à droite et une table, une terrine, des linges, une bouillotte.

SCÈNE PREMIÈRE.

PHILOMÈNE, PATRICE, UN COCHER, MARCELINE, UN CUISINIER.

Au lever du rideau, Philomène, Marceline, le cocher et le cuisinier sont groupés autour de Patrice, qui, enveloppé de compresses, de linge, etc., est étalé sur le canapé, remuant à peine et poussant des plaintes inarticulées.

PATRICE. Oh !... oh !... oh !
PHILOMÈNE, se penchant. Patrice, mon petit Patrice, parle-nous !... réponds-moi !...
MARCELINE, s'interposant vivement. Non pas : s'il ouvre la bouche, l'âme partira.
PHILOMÈNE, désespérée. Mon Dieu !
PATRICE, sans bouger, d'un ton dolent. A boire !

PHILOMÈNE, *toute joyeuse*. Il a demandé à boire ! Il est sauvé !... Vite ! qui a le flacon d'eau de mélisse ?...

MARCELINE, *s'interposant encore*. Non pas : vite un cataplasme ! Qui a la graine de lin ?

PHILOMÈNE, *protestant*. Mais, madame Marceline.

MARCELINE. Mais, madame Philomène...

PHILOMÈNE. Je veux lui donner à boire...

MARCELINE. Je veux lui mettre encore un cataplasme ! Je suis la plus ancienne dans la maison, je suppose, et ce ne sera pas le premier valet de chambre que j'aurai enterré, Dieu merci.

PHILOMÈNE, *désolée, retournant vers Patrice*. Oh ! mon ami !... mon pauvre ami !...

PATRICE. Aïe !

MARCELINE, *désignant la terrine au cuisinier*. Chef, délayez-moi ça : ça vous connaît... (*Le cuisinier, prenant la terrine, y délaye le cataplasme*.)

PHILOMÈNE, *au cocher*. Relevez-lui au moins la tête.

MARCELINE, *s'interposant*. Non : ramassez les jambes : peut-être sont-elles cassées !...

PHILOMÈNE. Mon Dieu, serait-il possible ?

MARCELINE. Se tenait-il sur ses jambes, oui ou non, quand il est revenu, il y a deux heures ?

PHILOMÈNE. Hélas !

MARCELINE, *au cocher, qui remonte Patrice sur le canapé*. Plus à droite que ça donc, plus à droite !...

PHILOMÈNE. Mais non : à gauche.

MARCELINE, *avec autorité*. Je suis la gouvernante, madame, et c'est à moi qu'on obéit : j'ai dit plus à droite.

PHILOMÈNE, *impatientée*. Mais, madame, je sais bien, puisque c'est mon mari, que c'es sur le côté gauche qu'il se couche d'ordinaire.

MARCELINE, *haussant les épaules*. Votre mari !... votre mari !... il est dans un bel état pour le réclamer, votre mari !... Faites-lui donc plutôt de la charpie : au moins ça servira pour l'amputation.

PHILOMÈNE, *tout épouvantée*. L'amputation ! Vous croyez qu'il y aura une amputation ?

MARCELINE, *froidement*. Une ou deux, c'est selon. Dame, vous avez envoyé chercher le chirurgien. Ça ne se dérange pas pour rien, ce monde-là !...

PATRICE, *geignant plus fort*. Aïe ! aïe ! aïe !

PHILOMÈNE, *se précipitant vers Patrice et avec élan*. Va, mon Patrice, je ne t'abandonnerai pas, moi !

MARCELINE, *reprenant la terrine aux mains du cuisinier*. C'est fait ? Prenez un linge maintenant et étalez-le. (*Elle se met à préparer un cataplasme*.)

PHILOMÈNE, *se retournant vers elle avec emportement*. Tenez, avec toutes vos drogues et vos médicaments, vous n'êtes qu'une femme sans entrailles !

MARCELINE, *sans s'émouvoir, au cuisinier*. Quelques gouttes de laudanum par là-dessus !

PHILOMÈNE, *même jeu*. Oui, c'est parce qu'il a fait votre besogne que le voilà dans cet état !... C'était à vous de partir, non pas à lui ! — C'était à vous que l'on devait demander la bourse ou la vie !... Et votre place serait là sur ce canapé avec quinze aunes de compresses, trois livres de charpie et dix-sept cataplasmes !... (*Éclatant en sanglots*.) Ah ! malheur de moi ! Est-ce Dieu possible !

(*Entre Vincent Baudry, du fond*.)

SCÈNE II.

LES MÊMES, VINCENT BAUDRY.

VINCENT BAUDRY. Hé ! là ! tout doux !... Qu'a donc Philomène... et aussi dame Marceline notre respectable doyenne ?

MARCELINE et PHILOMÈNE, *se montrant réciproquement et parlant en même temps*. C'es madame qui...

PATRICE, *se soulevant avec effort sur son séant*. C'est moi, docteur !... aïe !

VINCENT BAUDRY, *s'approchant*. Sac à papier voilà un poupon joliment bien emmailloté. Qui est-ce qui me l'a entortillé de la sorte

PHILOMÈNE. Moi, docteur.

MARCELINE, *s'interposant*. Non pas ; c'es moi. (*A Philomène*.) Ah ! mais !...

VINCENT BAUDRY, *à part*. Que diantre cela veut-il dire ?

PHILOMÈNE. Ah ! si vous aviez vu dans quel état il nous est revenu cette nuit !

MARCELINE. Rompu, brisé, moulu !... jusqu'à sa montre d'argent dont le verre était en miettes...

PHILOMÈNE. C'est ça un coup pour une épouse !

VINCENT BAUDRY, *les écartant et au-dessus du canapé*. Nous allons bien voir. (*A part*.) Je n'y comprends rien. (*S'approchant de Patrice et haut, tout en l'examinant*.) L'œil est bon (*Otant le foulard qui enveloppe la tête*.) Les dents au complet — la langue saine — alors pourquoi cette compresse. (*Se retournant vers les deux femmes*.) Je vous réponds de la tête d'abord.

PHILOMÈNE. Mais le reste ?

MARCELINE. Oui, c'est là que je vous attends.

VINCENT BAUDRY. Le reste ? — Voyons les bras. (*Il prend une main à Patrice*.) Allons, un effort, mon garçon, comme si tu te détirais.

PATRICE, *s'efforçant d'allonger un bras, puis l'autre*. Aïe !... (*Il jette un cri de douleur, puis laisse retomber les bras*.)

VINCENT BAUDRY, *essayant vainement d'allonger les jambes de Patrice. Venant au bout du canapé et éloignant Marceline*. Mais, Dieu me pardonne, on lui a mis des éclisses.

MARCELINE. Ah ! quelques lattes seulement pour maintenir les fractures.

VINCENT BAUDRY, *débarrassant les jambes de Patrice*. C'est de la folie : il n'y a jamais eu rien de fracturé.

PATRICE, *avec surprise, en se secouant et se débarrassant*. Ah bah !

PHILOMÈNE, *incrédule*. Vous voulez nous rassurer, monsieur Baudry.

MARCELINE, *achevant*. Mais nous savons quoi nous en tenir, heureusement.

BAUDRY. Ni fractures, ni lésions, pas plu que sur ma main ! Est-ce compris, sac à papier ?

PATRICE, *parcourant le théâtre*. Bien vrai — Je peux aller, venir — envoyer le chef à ses fourneaux, le cocher à ses bêtes et la gouvernante à tous les diables ?...

BAUDRY. Parfaitement...

PATRICE, *sautant de joie.* Vive la nation, et embrasse-moi, mon épouse ! (*Il saute au cou de Philomène.*)

MARCELINE, *s'interposant.* Et moi, je vous dis que cet imbécile a quelque chose : si ça ne se voit pas, c'est que c'est à l'intérieur.

PATRICE, *comme frappé et se tâtant l'estomac.* Tiens ! c'est vrai. Il y a là je ne sais quoi qui me... (*A Baudry.*) Voulez-vous voir?

VINCENT BAUDRY. Mange et ça se passera. — Ça, on m'a dérangé inutilement. Serviteur. (*Fausse sortie.*)

MARCELINE, *rattrapant Vincent Baudry.* Comment ! vous ne lui demandez même pas où il a attrapé ça !

VINCENT BAUDRY. Quoi, ça ? — Puisqu'il n'a rien ?

PHILOMÈNE. Il a été attaqué cette nuit.

PATRICE, *achevant.* En pleine patache, mon major, comprenez-vous ça ? — Juste comme nous allions entrer à Avignon.

VINCENT BAUDRY. Et d'où revenais-tu donc... en patache ?...

PATRICE. De Turin, parbleu, où j'avais été chercher mademoiselle Diane à son couvent. C'est mon maître, le citoyen chevalier de Monge qui m'avait envoyé : « T'es mon officier en chef, mon premier valet de chambre, comme on disait sous l'ancien régime. Je compte sur toi, qu'il m'avait dit. »

VINCENT BAUDRY, *à part.* Allons, les autres ne s'étaient pas trompés...

PATRICE. Vous dites, mon major?

VINCENT BAUDRY. Je dis qu'il est bien singulier de faire voyager une demoiselle noble — même en république — quand on a voiture et ce qui s'ensuit. Quoique bon patriote, M. le chevalier de Monge passe pour agir grandement : au moins aurait-il dû prendre une chaise de poste.

PATRICE. Merci !... et les Compagnons du Soleil et autres planètes qui se disent : Les chaises de poste, c'est les voitures du gouvernement ; mettons leur-z-y des bâtons dans les roues ! Seulement ces bâtons-là, c'est des canons de fusils.

VINCENT BAUDRY, *haussant les épaules.* Bah ! bah !...

PATRICE, *reprenant.* Tandis que, quand ils voient la patache, ils se disent : Ça, c'est des sans-culottes qui voyagent à prix réduit. N'y a pas gras. Laissons aller.

MARCELINE. Si j'avais eu l'honneur d'accompagner mademoiselle Diane, ainsi que c'était mon droit, je serais revenue en carrosse, et l'on m'aurait respectée !...

PATRICE, *se récriant.* Est-ce que je ne suis pas respectable, moi ? — Pourtant ils m'ont tiré dessus, les brigands ! — Pif ! pan ! pan !... même que ça a abattu le postillon de dessus son siège. — Cachez-moi ! que je dis à mademoiselle Diane, qu'était assise à ma gauche. (*A Baudry.*) Vous voyez ça d'ici, hein, mon major?...

VINCENT BAUDRY. Comme si j'y étais, mon garçon... Continue, continue...

PATRICE. C'est que je n'peux pas continuer : à partir de ce moment-là, je n'ai rien vu. — Descendez! qu'ils ont crié. — Et puis : — Les hommes, couchez-vous à terre ! — Moi, j'étais sous la banquette ; mais il y en a un qui m'a empoigné. Et v'lan ! me v'là dans une ornière. — Ah ! le gueux ! si je le retrouve jamais !... Par bonheur pour lui, je ne l'ai pas vu...

VINCENT BAUDRY. Et c'est là tout ce que tu sais?

PATRICE. Dites donc, pour un homme seul c'est déjà gentil.

VINCENT BAUDRY, *à part.* Ce n'est pas encore cet imbécile-là qui nous compromettra. (*Haut.*) Mais mademoiselle Diane, mon brave, tu ne nous en parles pas?

(*Entre, sur ces derniers mots, M. d'Oberval.*)

PATRICE, *répondant à Baudry.* Mademoiselle Diane ! Ah ! ça c'est une autre histoire !...

SCÈNE III.
LES MÊMES, D'OBERVAL.

D'OBERVAL, *allant à Patrice.* Vous parlez de mademoiselle de Monge, mon ami : que lui est-il arrivé ? Au nom du ciel ! répondez-moi...

VINCENT BAUDRY, *se retournant et saluant.* Le citoyen d'Oberval... Salutations fraternelles et respectueuses.

D'OBERVAL. Excusez-moi, docteur, (*il salue,*) mais vous savez l'intérêt que je porte à cette chère enfant. J'étais l'ami, le conseiller de sa mère, et, quoique son père lui restât, on fit de moi son tuteur. Or, je viens d'apprendre à l'instant l'attaque dont fut l'objet cette nuit même la voiture qui la ramenait et j'accours...

VINCENT BAUDRY, *à d'Oberval.* Rien de plus naturel. (*A Patrice.*) Voyons, héros, on t'écoute. (*Il s'assied sur le canapé.*)

PATRICE. Eh bien, elle ne va pas mal, mademoiselle Diane. Les brigands ne lui ont pas seulement touché un cheveu.

D'OBERVAL. Ah ! Dieu soit loué !...

PATRICE. Elle a tout rapporté... jusqu'à sa bourse : c'est qu'est de la chance !

D'OBERVAL. Mais comment se fait-il?

PATRICE. Comment ? comment ? — Avec ça que j'ai bien pensé à le lui demander? Sitôt qu'on nous a eu dit : Vous pouvez partir, je m'suis faufilé sous la bâche et tout le restant de la route, je m'ai évanoui. Arrivé ici, on m'a descendu avec les bagages et comme tout le monde me croyait mort, j'ai pas eu le courage de dire non...

D'OBERVAL. Mon ami, allez vite prévenir votre maître et sa fille que je veux les voir, leur parler...

PATRICE. J'y vas ; mais voyez-vous, je ne suis pas fâché que le major m'ait ressuscité. Ç'aurait été par trop humiliant de s'en aller sans seulement laisser un petit Patrice de ma façon à ma légitime.

PHILOMÈNE, *un peu confuse.* Veux-tu bien te taire !...

PATRICE. Mais n'aie pas peur, ma petite Loumène, si je me remets jamais en route, c'est que je ne te laisserai pas seule... (*Il prend Philomène par le bras.*)

D'OBERVAL, *congédiant Patrice.* Hâtez-vous, mon ami, de grâce...

PATRICE, *en sortant avec Philomène.* Vous verrez ! vous verrez ça ! (*Ils sortent à droite.*)

MARCELINE, *haussant les épaules en voyant sortir Patrice.* On n'a pas voulu me le laisser soigner : c'est un homme mort. (A d'Oberval.) Je vais prévenir mademoiselle Diane.
(*Philomène et Patrice sortent d'un côté. — Marceline de l'autre. — Vincent Baudry et d'Oberval restent seuls.*)

SCÈNE IV.
VINCENT BAUDRY, D'OBERVAL.

VINCENT BAUDRY *à D'OBERVAL, qui paraît toujours inquiet.* Ce qu'on vient de vous dire a dû vous rassurer. Il n'est rien arrivé à votre pupille.

D'OBERVAL. En effet, quoique je ne sache à quoi attribuer une chance aussi extraordinaire...

VINCENT BAUDRY, *avec bonhomie.* Hé, mon Dieu, pour protéger mademoiselle de Monge, il a suffi sans doute de sa grâce, de son innocence, de son nom.

D'OBERVAL. Pareils talismans n'ont jamais désarmé les misérables entre les mains desquels la pauvre enfant a dû tomber. Je les connais : ce sont eux qui, pour couvrir leurs crimes, empruntent une bannière politique, et enrôlent la débauche, le vol et l'assassinat. Pendant que nos fils sont à la frontière et nous gagnent des provinces, ils se sont abattus sur nos foyers. Leurs champs de bataille, à eux, c'est la lisière des bois... Partout où il y a l'épargne de l'honnête homme à voler, ils sont là !... Et l'on se demande pourquoi cette noble terre de France, qui a enfanté tous les droits, toutes les vertus, toutes les libertés, en est réduite, après avoir régénéré le monde, à payer tribut à une poignée de bandits !

VINCENT BAUDRY. C'est vrai ! ils ont toute une armée.

D'OBERVAL. Mandrin aussi avait la sienne.

VINCENT BAUDRY. Il faisait la guerre aux gens de la gabelle. Nos muscadins la font aux gens du Directoire. Ils en trouvent partout. A qui la faute ? (*Il s'assied à la table.*)

D'OBERVAL. Je vous croyais honnête homme, Vincent Baudry, et bon patriote.

VINCENT BAUDRY. Mais je le suis encore, sac à papier ! Voyez plutôt ma cocarde!... et mes contributions que j'ai payées, pas plus tard qu'hier !... Seulement, il y a eu chez nous un tel remue-ménage depuis quelques années, qu'en 1798 certaines réclamations ne peuvent pas se faire avec les ménagements voulus... On m'a dépossédé... je dévalise... on m'a terrorisé... je... (*se reprenant*) permettez, je... ce n'est pas moi, ce sont les muscadins en question qui parlent. (*Se relevant.*) Moi, j'étais vétérinaire, et, la république aidant, je me suis trouvé chirurgien !... Mais, bah ! il y a si peu de distance de la bête à l'homme, qu'en vérité ce n'est pas la peine de me reprocher le petit avancement que je me suis donné là !

D'OBERVAL, *sèchement.* Nous ne saurions nous comprendre, citoyen Baudry. Restons-en là. (*Prêtant l'oreille. A part.*) Il y a longtemps que cet homme ne me dit rien qui vaille. (*Il gagne l'extrême gauche.*)
(*Entre de Monge.*)

VINCENT BAUDRY, *à part et regardant d'Oberval.* Une autre fois je tiendrai mieux ma langue avec ce vieux-là.

SCÈNE V.
LES MÊMES, DE MONGE.

DE MONGE, *allant à Baudry.* Puisque vous voilà, docteur, veuillez donc passer dans l'appartement de mademoiselle de Monge, ma fille... Ce n'est pas qu'elle soit souffrante... mais il n'importe, je tiens à ce qu'un homme de l'art constate jusqu'à quel point la chère enfant peut se passer de nos soins...

VINCENT BAUDRY, *s'inclinant.* Je reviendrai vous rendre un compte exact de cette précieuse santé, citoyen chevalier...

D'OBERVAL, *voulant suivre Baudry.* J'accompagne le docteur.

DE MONGE, *s'interposant et froidement.* C'est moi que vous avez fait demander, citoyen d'Oberval. Je tiens à garder tout entier le bénéfice de votre visite.

D'OBERVAL. Soit, monsieur. Dès l'instant où il sera prouvé que Diane de Monge ne court aucun danger, je pourrai me retirer.

VINCENT BAUDRY, *qui les observait, à part, et en se retirant.* Ils se détestent !... Parfait : bonne note est prise. — A tout à l'heure, chevalier. (*Il sort.*)

SCÈNE VI.
D'OBERVAL, DE MONGE.

DE MONGE. Je suis à vos ordres maintenant.

D'OBERVAL. Ne vous attendiez-vous pas à me voir ?

DE MONGE. En effet, ma fille rentre : vous deviez revenir. C'est votre habitude, à vous, de vous interposer sans cesse entre elle et son père.

D'OBERVAL. Vous oubliez que c'est aussi mon droit.

DE MONGE. Oui, en votre qualité de tuteur... subrogé... que sais-je !... Vos lois nouvelles ont de ces étrangetés-là.

D'OBERVAL. La loi ne gêne que ceux qui manquent à leur devoir. Je vous plaindrais si vous aviez à en souffrir.

DE MONGE. Vous m'insultez !

D'OBERVAL. Je vous avertis.

DE MONGE. Par bonheur, ce sera la dernière fois. Si j'ai rappelé Diane de son couvent, c'est qu'elle est majeure. Votre tutelle expire donc et nous vous échappons, elle et moi.

D'OBERVAL, *remontant un peu.* L'affection de l'enfant me suivra, j'en suis sûr. Quant au père, tout n'est pas fini entre nous.

DE MONGE, *passant au n° 1.* Voyons... mais hâtez-vous, je vous prie.

D'OBERVAL. C'est justement la majorité de mademoiselle de Monge qui me rappelle. Vous avez des comptes à lui rendre, vous, son père — et moi, son subrogé-tuteur, j'ai à surveiller cette reddition.

DE MONGE. Le jour où je dirai à ma fille : Voilà ce que j'ai fait, voilà ce que je veux —

elle est respectueuse et soumise, — elle aura confiance et m'obéira.

D'OBERVAL. Eh bien, qu'avez-vous fait et que voulez-vous ? — C'est ce que je vous demande aussi moi.

DE MONGE. Elle le saura : il suffit.

D'OBERVAL. Je vais vous le dire : vous avez ruiné votre enfant, et aujourd'hui qu'il va vous être demandé compte de son patrimoine disparu, vous voulez forcer sa soumission à vous donner quittance ! Mais, Dieu merci, je suis là.

DE MONGE. Encore une fois, monsieur...

D'OBERVAL. Prouvez-moi que je me trompe, voilà tout ce que je vous permets de me répondre.

DE MONGE. Et quand vous diriez vrai, est-ce que la faute n'en est pas aux événements que nous venons de traverser ?

D'OBERVAL. Mais il ne vous ont jamais atteint. S'il est une province en France qui ait été épargnée, c'est celle où nous vivons, toute pleine encore des idées du passé. Les heureux d'autrefois y ont conservé leur bonheur intact. Et vous surtout, vous, chevalier de Monge, on vous a vu passer souriant au milieu des angoisses publiques. Vous n'avez ni émigré enfin, ni combattu, ni souffert !

DE MONGE. Oui, et je m'en fais gloire. Je suis resté pour narguer le monstre face à face. Ce siècle s'éteignait dans les tumultes et les alarmes : moi, j'ai gardé le joyeux et éclatant flambeau du passé ! Je n'ai renoncé ni à une fête, ni à un plaisir, ni même — par ma foi ! — à un scandale ! J'ai ri tout mon soûl de moi et des autres, et grand seigneur j'étais, grand seigneur je suis resté ! que ceux qui s'en offensent me dénoncent !

D'OBERVAL, *hochant la tête.* Oui, vous êtes bien toujours un grand, un très-grand seigneur. Soyez donc votre propre juge, monsieur de Monge, si vous vous êtes manqué à vous-même, je ne vous laisserai pas manquer à votre enfant. Sa mère lui avait légué une fortune : vous ne pouvez pas la lui rendre ; donnez-lui au moins le bonheur.

DE MONGE. J'y pourvoirai, monsieur.

D'OBERVAL. Vous le pouvez, car il est un homme à qui son cœur appartient, vous le savez comme moi, — qu'il en est digne et...

DE MONGE. Assez, monsieur, je sais de qui vous voulez parler, c'est de ce filleul de madame de Monge...

D'OBERVAL. Dites son enfant d'adoption. Il eût été le vôtre, si vous y aviez consenti...

DE MONGE. Allons donc ! est-ce qu'il y a jamais eu place sous mon toit pour un renégat ?... (*Mouvement de d'Oberval.*) — Oui, un renégat qui, trahissant sa race et son prince, s'est enrôlé et tire de l'épée au profit de ces messieurs du Directoire !...

D'OBERVAL. Le colonel Maximilien est un des héros de l'armée d'Égypte ; ses talents et son courage l'ont mis au premier rang, mais il serait possible qu'il n'eût à porter le mousquet et l'épaulette de laine que je vous dirais : Respectez-le ; il a compris que ce n'est pas le drapeau que l'on sert, c'est la patrie !...

DE MONGE. Finissons-en, monsieur.

D'OBERVAL. Un dernier mot : je vous rappellerai qu'entre votre fille et Maximilien, il y a une affection profonde et pure, puisée aux sources les plus chastes de l'enfance... J'ajouterai qu'ils ont été élevés côte à côte tant que votre noble et sainte compagne a vécu, et que son dernier vœu a été leur mariage !.. Je vous dirai encore... c'est le seul homme qui, par amour pour l'enfant, puisse fermer les yeux sur les torts de son père... oui, le seul à qui vous puissiez donner une épouse ruinée....

DE MONGE, *à part.* Le seul ?.. Peut-être !

D'OBERVAL. Quant à moi, le serviteur et l'organe de la loi, je déclare que je ne me laisserai fléchir que pour ce mariage seulement. Hors de là vous me trouverez inflexible, inexorable.

(*Bruit de voix au dehors.*)

DE MONGE, *furieux.* Sortez, monsieur, sortez !...

D'OBERVAL. Quand vous m'aurez répondu...

DE MONGE. Sortez, vous dis-je...

D'OBERVAL, *prêtant l'oreille.* Soyez calme. Nous ne sommes plus seuls.

(*Entre Patrice, puis Gunhbi.*)

SCÈNE VII.

LES MÊMES, PATRICE, *du fond,* puis GUNHBI.

DE MONGE. Qu'y a-t-il, Patrice ? qui est là ?..

PATRICE. Ah, mon Dieu, Monseigneur, (*se reprenant*) pardon : le citoyen le sait bien. — C'est celui qui est venu hier, qui viendra demain, le citoyen Gunhbi...

DE MONGE, *à part.* Quel contre-temps !..

PATRICE, *continuant, tourné vers la porte.* Impossible de l'empêcher d'entrer... j'ai pris la croix et la bannière !.. mais c'est pas ça qui l'arrête : il est juif ! (*S'adressant à Gunhbi qui paraît sur le seuil.*) Attendez donc, attendez donc !..

GUNHBI, *entrant, accent italien très-prononcé, à de Monge.* Voilà : zé vi laisse avoir des domestiques et c'est ainsi qu'ils me traitent !..

DE MONGE, *allant à Gunhbi et lui imposant silence.* Plus bas ! plus bas !... (*Il lui désigne d'Oberval qui observe à l'écart.*)

GUNHBI, *passant au n° 2.* Certamente — zer ami — certamente... la discrétion, il est obligatoire en affaires et zé viens... (*Monge lui impose encore silence.*)

D'OBERVAL, *à part.* Cet homme ici ! ce n'est pas la seule alors, c'est la honte !...) *Il remonte et rencontre Patrice un peu au fond.*)

PATRICE, *remontant, à d'Oberval et lui désignant Gunhbi.* C'est le juif de la rue aux Herbes. C'est lui qui garde les économies de monsieur... et les miennes aussi.

DE MONGE, *après s'être assuré qu'on ne l'écoute pas, menant Gunhbi à l'écart.* Que voulez-vous ?...

GUNHBI, *s'exclamant.* Dio d'Abraham ! ma de l'arzent... zer ami... de l'arzent !..

DE MONGE. Mais...

GUNHBI. Vi n'en avez pas !.. connu !.. bon refrain... (*Criant.*) Dio de Zacob ! ze ne pouis pas être venou inoutilement !..

DE MONGE. Vous voulez donc me déshonorer ?

GUNHBI. Moi ? povero ! à quoi cela me servirait?.. Ma, vi savez nos conditions? Pas d'arzent... alors...

DE MONGE. Oui, oui je sais... (*L'entraînant.*) Suivez-moi !

(*Ils gagnent à droite le premier plan.*)

GUNHBI. Certamente... certamente... zé souis l'homme le plous accommodant d'Avignon, moi !... (*Il se dispose à sortir.*)

DE MONGE, *revenant à d'Oberval et le saluant*. Veuillez m'excuser, monsieur ; mais (*montrant Gunhbi*) les gens d'affaires sont tous impitoyables. (*A Patrice.*) Patrice, prévenez mademoiselle de Monge que M. d'Oberval est ici. (*A d'Oberval.*) Vous voyez que je suis sûr de ma fille !... (*Patrice s'incline et sort ; deuxième plan à droite.*)

D'OBERVAL. Soyez sûr de vous, monsieur. C'est ce que je vous souhaite !

DE MONGE, *se contenant à peine et menaçant de loin*. Encore une insulte ! Oh ! je me vengerai !

GUNHBI, *appelant de Monge de la porte*. Dio de Zoseph ! ma venez donc, zer ami !... (*A lui-même.*) Les ongles ils me démanzent !..(*Il sort avec de Monge ; d'Oberval reste un instant seul, puis entre Diane.*)

SCÈNE VIII.

D'OBERVAL, puis DIANE.

D'OBERVAL. Il m'a avoué sa ruine et je viens de voir l'homme qui sans doute l'a aidé à la consommer !.. Il a rougi pourtant et sa confusion devant ce usurier était peut-être un dernier reste d'honneur et de remords !.. Mais non ! il faisait parade de ses folies tout à l'heure ! Il se vantait bien haut d'avoir jusqu'au bout satisfait aux passions de sa race !... Oui, au moment où le pays s'agitait dans les convulsions et la terreur, cet homme a fait comme ceux qui, lorsque la peste frappe leur ville, s'enferment chez eux et au lieu de tenir tête au fléau, appellent à eux et le jeu et l'orgie !...

(*Entre Diane.*)

DIANE, *courant à d'Oberval*. Mon ami... mon second père !..

D'OBERVAL, *l'embrassant tendrement*. Diane ! ma chère enfant !

DIANE, *le regardant*. Vous paraissez ému.

D'OBERVAL. C'est la joie de te revoir ! comprends-tu ? c'est retrouver à la fois la jeune fille que j'aime tant et la bonne et sainte femme que j'ai servie de mes conseils et de mon amitié... (*La regardant.*) Laisse-moi te regarder. Oui, c'est son visage — c'est son cœur aussi. — (*Il l'embrasse.*) Maintenant que je t'entende ?...(*Il s'assied sur le canapé tenant les deux mains de Diane.*)

DIANE. Que vous dire? j'étais loin de ceux que j'aime, on me ramène à eux. Je suis heureuse.

D'OBERVAL. Mais ce retour même n'a pas été sans danger.

DIANE. En effet, des hommes armés nous ont attaqués ; mais, grâce à Dieu, nous en avons été quittes pour la peur... moi du moins et le serviteur qui m'accompagnait.

D'OBERVAL. Ces agresseurs sont peu cléments d'ordinaire...

DIANE. Oui, même en Italie d'où je viens, on parle d'eux... et assez mal, j'en conviens ; — mais je comptais pour me protéger sur la pauvreté de mon bagage. Eh bien, ce ne fut pas là ce qui me sauva...

D'OBERVAL. Quoi donc alors ?

DIANE. Mon nom que, dans sa terreur, proférait obstinément ce pauvre Patrice.

D'OBERVAL. Ton nom, Diane ?

DIANE. Oui — ou plutôt celui de mon père. En l'entendant, un de nos ennemis s'approcha — c'était leur chef, sans doute — il vint à moi, écarta d'un geste impérieux ceux qui me menaçaient, et resta près de moi...

D'OBERVAL. Que te dit-il ?

DIANE. Rien ; mais son regard s'arrêta longtemps sur moi. Je voulus, en le regardant en face, lui prouver que j'étais de bonne race et que la mort même ne m'effrayait pas ; mais c'est étrange ; devant son œil sombre et perçant, les miens se baissèrent malgré moi et je n'eus que la force de jeter à ce sauveur inattendu les quelques bijoux que je portais sur moi. — Mais il les ramassa et, d'un air indéfinissable, les replaça dans ma main ; puis — toujours sans mot dire — il me ramena vers la voiture et, là, abaissant lui-même le marchepied, il me fit monter en s'inclinant avec un respect trop profond pour être sincère.

D'OBERVAL, *se levant sur place*. Diane, toi qui ne sais pas mentir, ton opinion sur cet homme ?

DIANE. Il m'a fait horreur.

D'OBERVAL. Bien.

DIANE. Et je ne lui pardonnerai jamais de m'avoir fait l'affront de ne pas me dévaliser.

D'OBERVAL, *gagnant le milieu du théâtre*. Bien, bien encore. Oui la pitié de ces gens-là est une offense ; mais patience : leurs triomphes auront une fin. Sais-tu qui a reçu mission de les vaincre et de les châtier ?... Maximilien !...

DIANE. Lui ! Ah ! si j'ai à être vengée, la vengeance sera douce !...

D'OBERVAL. Oui, il est revenu, ton ami, ton frère ; revenu d'Égypte où le choix de ses chefs n'a pu trouver mieux que lui. Il connaît le pays puisqu'il y a été élevé ; il dirigera l'état-major du corps d'armée lancé à la poursuite de ces insaisissables malfaiteurs. Va, s'il y avait un champ de bataille où les combattre, je serais sûr du succès ; mais ces sinistres soldats du désordre ont partout un asile ! Oui, dans nos villes, dans nos maisons même, et sitôt le crime accompli, ils viennent reprendre parmi nous la place où ils vivent au grand jour. Ils jettent leurs haillons d'emprunt, lavent les éclaboussures du sang versé et nul ne les connaît... nul ne les devine ou n'ose les deviner.

DIANE. Vous m'épouvantez !

D'OBERVAL. Rassure-toi, puisque nous avons maintenant Maximilien pour nous. Il est arrivé à Avignon presque en même temps que toi. Lui et mon fils Roger, qui l'accompagne, sont chez moi depuis deux jours.

DIANE. Je le verrai ?

D'OBERVAL. Ah ! ma pauvre enfant, tu sais que sur ce terrain-là, mon désir ne vient qu'après la volonté de ton père...

DIANE, *affirmativement.* Je verrai Maximilien, vous dis-je. Non-seulement ma mère me l'aurait permis, mais elle me l'aurait ordonné... Aurez-vous le courage de me le défendre?...

D'OBERVAL, *la faisant passer à gauche.* Silence, pauvre enfant, voici ton père...

(*Sur les derniers mots est rentré de Monge.*)

SCÈNE IX.
LES MÊMES, DE MONGE.

DE MONGE *à Diane.* Faites vos adieux à votre subrogé tuteur, Diane.

DIANE. Déjà?...

D'OBERVAL. Votre père a raison, mon enfant; je ne puis que le remplacer auprès de vous; mais il est là : je me retire.

DIANE. Mon Dieu!

DE MONGE, *à part.* Ils sont bien émus tous les deux. Il était temps que je revinsse...

D'OBERVAL. Adieu donc, mon enfant; et sachez que si jamais il y avait à défendre ou votre bonheur ou vos intérêts, que vous m'appeliez ou non, je serai là. (*Il sort par le fond.*)

(*Vincent Baudry se montre en ce moment à l'une des portes latérales, mais sans entrer.*)

DE MONGE, *prenant Diane par la main.* Ma fille, j'aurais le droit de vous demander ce que vous a dit M. d'Oberval; mais ces sortes de procédés ne conviennent ni à mon caractère ni à mon rang. Je suppose cependant que si l'on venait accuser devant vous votre père et vous apprendre à le mépriser ou à lui désobéir, on trouverait fermés et votre oreille et votre cœur.

DIANE. Je vous le jure, mon père.

DE MONGE. C'est tout ce qu'il me plaît de savoir aujourd'hui. (*Il l'embrasse sur le front.*) Vous pouvez vous retirer.

DIANE, *à part avec douleur.* Quelle froideur! (*Baisant la main de Monge.*) J'obéis, mon père. (*Elle sort. Entre alors Vincent Baudry. De Monge fait sortir sa fille par le 1er plan à droite, puis remonte à la porte du fond. — Vincent Baudry entre du 2e plan à droite.*)

SCÈNE X.
DE MONGE, VINCENT BAUDRY.

VINCENT BAUDRY, *qui depuis quelques instants est resté dans l'embrasure de la porte.* Je puis entrer. C'est que, voyez-vous, je crains encore moins les indiscrétions que les courants d'air. (*Se frottant la nuque.*) Sac à papier!

DE MONGE. Vincent Baudry, l'homme que vous venez de voir sortir d'ici est mon plus mortel ennemi. Il me perdra! (*Il va s'asseoir à la table.*)

VINCENT BAUDRY. Je le sais; mais moi, je viens vous sauver.

DE MONGE. Est-ce possible encore?

VINCENT BAUDRY. Pourquoi pas? D'abord nous autres médecins, nous ne désespérons jamais, au moins par métier, et puis, je connais la situation. Elle n'est pas jolie, jolie... mais enfin, si le patient veut se laisser faire...

DE MONGE, *avec emportement se levant.* Tout, plutôt qu'avoir à subir les menaces ou — qui pis est — l'indulgence de ce surveillant odieux. Vous m'avez déjà fait vos offres de service, Vincent Baudry, eh bien, parlez. Je vous écoute. (*Il s'assied à droite et fait signe à Baudry de s'asseoir à gauche.*)

VINCENT BAUDRY. Alors, vite au fait! — A combien le déficit?

DE MONGE. Six cent mille livres.

VINCENT BAUDRY. Sac à papier, vous avez trouvé le moyen de croquer six cent mille livres à la barbe de la Convention; mais vous êtes un prodige!

DE MONGE. Ah! je suis peu d'humeur à plaisanter, Parlez...

VINCENT BAUDRY. Je vous admire : voilà tout. — Et vos créanciers, qui sont-ils? — Celui qui m'envoie a intérêt à le savoir.

DE MONGE. Le juif Gunhbi a dû acheter toutes les créances. Au moins cet hôtel lui appartient-il déjà... il y a eu hypothèques, saisies,... que sais-je?

VINCENT BAUDRY. Et pas une seule ressource?

DE MONGE. Si, une; mais je la repousse.

VINCENT BAUDRY. Laquelle? Vous comprenez, je dois tout savoir.

DE MONGE. Un mariage pour ma fille. L'époux accepterait sans exiger qu'on lui rendît des comptes.

VINCENT BAUDRY. C'est beau cela, c'est antique... je dirai même que c'est assez peu commun. Et pourtant, pour en revenir aux propositions dont je suis chargé, j'ai mieux à vous offrir.

DE MONGE. Voyons.

VINCENT BAUDRY. C'est un mariage aussi; mais cette fois l'époux ne se contenterait pas de prendre la fille sans dot, il donnerait au père de quoi reconstituer la fortune engloutie... Il paierait les dettes, même celles dont le vieux Gunhbi a collectionné les titres.... et vous ne seriez pas exposé, monsieur le chevalier, à voir Job installer son fumier là où les talons rouges de vos aïeux ont dansé la gavotte. (*Se levant et gagnant à gauche.*)

DE MONGE, *très-ému, se levant aussi et allant à Baudry.* Il y a un homme qui ferait cela? Je ne vous comprends plus.

VINCENT BAUDRY. Allons donc! C'est que vous ne voulez pas me comprendre! Mais ce qu'il y a de sûr au moins, c'est que si un bon gentilhomme, qui a ses vingt-deux quartiers de noblesse dans ses archives, de l'or dans ses tiroirs et de la poudre dans ses caves, venait vous dire : Chevalier, faites moi l'honneur d'être mon beau-père, vous ne lui fermeriez pas votre porte...

DE MONGE. Et quel est ce gentilhomme?

VINCENT BAUDRY. Ce gentilhomme béni, ce Dieu sauveur, ce Messie, il doit être dans sa voiture; il attend avec une patience d'amoureux en bonne fortune et il ne sera pas dit que nous lui aurons laissé faire le pied de grue plus longtemps. (*Il court à la fenêtre, qu'il ouvre et fait un signe.*)

DE MONGE, *étonné et le suivant un peu.* Que faites-vous?

VINCENT BAUDRY. Vous allez voir.

DE MONGE, *à part.* Qu'est-ce que cela signifie? (*Entre par le fond Saint-Christol.*)

SCÈNE XI.

Les Mêmes, SAINT-CHRISTOL.

VINCENT BAUDRY, *voyant entrer Saint-Christol et le présentant.* Monsieur de Monge, permettez-moi de vous présenter monsieur le marquis de Saint-Christol.

DE MONGE. Monsieur... (*Il salue.*)

SAINT-CHRISTOL. Excusez mon indiscrétion, chevalier ; mais j'avais pris soin de me faire annoncer, moi et mes prétentions, par un vieil ami, et j'espère n'être pas tout à fait un inconnu pour vous.

DE MONGE. En effet, monsieur. Le nom que vous portez eût suffi du reste ; cependant je croyais que M. le marquis de Saint-Christol, capitaine de frégate en 1787, était mort pendant l'émigration. C'était votre père sans doute. Qu'est-il devenu ?

SAINT-CHRISTOL. Il est mort à Toulon, monsieur, lorsque la flotte anglaise, où il avait pris du service, entra dans cette ville. Je l'y suivis en qualité d'enseigne de vaisseau. Plus tard, Toulon étant retombé aux mains des républicains, je dus m'éloigner avec nos alliés. Par bonheur, les années s'écoulèrent, la Terreur disparut et le régime nouveau qu'on appelle le Directoire, étant des moins redoutables, je crus pouvoir rentrer en France. D'ailleurs, les intérêts de la cause que je sers m'y rappelaient.

DE MONGE. Soyez le bienvenu, marquis.

SAINT-CHRISTOL. Il dépend de vous, monsieur, que je trouve ici à la fois mon devoir et mon bonheur.

VINCENT BAUDRY. J'ai tout dit, monsieur le marquis, j'ai tout dit... Excepté toutefois que vous étiez amoureux fou !

DE MONGE. De ma fille ! Mais monsieur de Saint-Christol ne peut pas même l'avoir vue. Elle a été élevée à Turin, dans un couvent, et c'est cette nuit seulement qu'elle est revenue à Avignon.

VINCENT BAUDRY, *à part.* Sac à papier ! quelle maladresse !

SAINT-CHRISTOL. Vous avez raison, chevalier ; mais l'union que je sollicite est de celles qui se méritent par l'égalité des rangs et aussi la communauté des intérêts. Tenez, je serai franc : j'ai besoin, dans ce pays, d'amis dévoués. Il faut que je rallie autour de moi tous ceux dont le nom vaut une épée et vous êtes de ceux-là, monsieur de Monge, eh bien, je viens me donner à vous.

DE MONGE, *très-incertain.* L'honneur est grand, monsieur le marquis ; et j'hésite cependant. Oui, j'ai passé l'âge des aventures, et quoique prêt à mourir pour mes droits, je ne sais plus trop quels sont ceux que vous me feriez défendre : restent vos amis et vos alliés. Il est fort question de bandes qui courent la campagne et font une rude guerre aux caisses des percepteurs et aux voitures des voyageurs. Est-ce là que vous menez votre drapeau ?... Oh ! alors une chose me donne des scrupules, pour ne pas dire des nausées, c'est qu'on assomme et dévalise les passants dans les rues !... Par là sambleu ! moi qui vous parle, j'ai traversé la révolution en dévorant mes louis d'or au nez des patriotes réduits à leur ration d'assignats ; je suis un mécréant, un impur, un drôle... mais on aurait grand'peine à faire de moi un tire-laine ou un coupe-jarret. Si c'est un préjugé, laissez-le-moi, dussé-je en mourir.

VINCENT BAUDRY, *à part derrière le canapé à gauche.* Nous en avons guéri bien d'autres, sac à papier !

SAINT-CHRISTOL. Eh bien, oui, il faut à ceux dont on vous parle droit de vie et de mort sur tous et partout. Le jour où un mot, un seul, dit par eux ne ferait pas tout trembler alentour, ils seraient perdus. Ce qu'on vous offre, c'est une part dans ce pouvoir sans limite... et, là dedans, il y a tout, la richesse, les plaisirs, la vengeance......

(*Entre Diane ; puis Gunhbi.*)

SCÈNE XII.

Les Mêmes, DIANE, puis GUHNBI.

DIANE, *tout émue, premier plan, à droite.* Mon père, mon père, où êtes-vous ?

SAINT-CHRISTOL, *bas à Vincent Baudry.* Elle !.. Je ne veux pas qu'elle me voie : tenons-nous à l'écart.

(*Ils remontent vers la cheminée.*)

DIANE, *montrant le côté d'où elle sort.* Il y a là un homme entré dans mon oratoire, et qui, sans respecter ma prière, fait main basse sur tout ce qui s'y trouve de précieux.

DE MONGE, *avec colère à mi-voix.* Ah ! ce juif maudit !..

DIANE, *attirant de Monge vers la porte.* Tenez... regardez.. ce reliquaire, un souvenir... (*Entre Gunhbi, premier plan, à droite. Il tient le reliquaire sous son bras.*)

GUNHBI, *entrant.* Certainement ! certainement ! ma zère demiselle... oune reliquario... ma.. il est en vermeil... et avec des pierres fines.... voilà perché ze l'emporte, certamente...

DIANE, *à de Monge.* Faites-le-lui rendre...

DE MONGE, *hésitant.* Mais... (*A part.*) Et ne pouvoir rien !

DIANE, *à Gunhbi.* Laissez cela...

GUNHBI. Dio de Sarah ! laisser cela ! et perché ?... Est-ce que zé ne souis pas dans mon droit ? Z'en prends à témoin le signor citoyen chevalier Monze : la maison : à moi !— tout ce qui est dedans : à moi ! Si zé consens à ne pas emporter l'oune, c'est que z'emporterai tout le reste... Vi sortirez quand ze voudrai d'ici. Dio de Rebecca, zé vi déménazerai ! certamente ! certamente !

DIANE. Mon père ?

DE MONGE, *confondu.* Ah ! la honte m'écrase !..

DIANE, *se laissant tomber sur un siège près de la table.* Qu'ai-je entendu, mon Dieu ?...

SAINT-CHRISTOL, *s'avançant vers Gunhbi.* Rends cela. (*Il désigne le reliquaire.*)

GUNHBI. Ma !.. Zé ne vi connais pas, vi !..

SAINT-CHRISTOL. Tu ne me connais pas, dis-tu ? Eh bien, écoute... Je suis... (*Il se penche à l'oreille de Gunhbi et se nomme à voix basse.*)

GUNHBI, *jetant un cri d'effroi.* Ah !... (*Il lâche le reliquaire et s'enfuit épouvanté par le fond.*)

DIANE, *se retournant au cri et se levant.* Grand Dieu !... l'homme de cette nuit... (*Elle a reconnu Saint-Christol.*)

DE MONGE, *étonné de voir Gunhbi s'enfuir.* Mais que signifie ?...

SAINT-CHRISTOL. Il me connaît, voilà tout... Et vous, chevalier, il vous reste à me connaître. Le voulez-vous ?

DE MONGE. *à Saint-Christol, après un temps.* Demain, j'aurai l'honneur de vous porter mes remercîments, marquis, et aussi ma réponse.

SAINT-CHRISTOL. Notre ami Vincent Baudry vous conduira, chevalier. (*A part, avec joie.*) Il est à moi ! (*Il tend la main à de Monge pendant que Diane épouvantée le regarde avec stupeur. Tableau.*)

DEUXIÈME ACTE

Le val de la Croix-qui-saigne ; une gorge dans un bois. Site sauvage bordé, au fond, par des rochers (praticables). — A droite, vers le deuxième plan, une sorte de monticule ; tout au haut, une croix de pierre ou de fer ; par derrière, une sorte d'excavation que dissimulent des tas de broussailles.

SCÈNE PREMIÈRE.

PREMIER COMPAGNON DU SOLEIL, DEUXIÈME COMPAGNON.

SCÈNE MUETTE. *Au lever du rideau, le premier compagnon est au fond, un peu vers la gauche. Il se tient blotti derrière un rocher ou une broussaille presque à plat ventre, l'œil au guet et la main sur un fusil placé à terre, à côté de lui. Quelques instants se passent ainsi, après quoi, il se lève et vient vers le monticule où est la croix. Il entre alors dans l'excavation ; puis il en sort ramenant le deuxième compagnon, également armé. Il le conduit au fond. Tous deux regardent et écoutent ; puis ils reviennent, rentrent dans l'excavation et disparaissent. Presque immédiatement après entrent* PATRICE, *puis* ROGER *et enfin* MAXIMILIEN. *Ils viennent par l'escarpement qui borde le fond.*

PATRICE, *entrant et tourné du côté par où vont entrer les deux autres.* Par ici, mes officiers ! — par ici ! Ce n'aura pas été sans peine, mais nous y sommes !...

ROGER, *apparaissant sur les rochers.* Une croix ! — Tudieu ! Je me disais bien aussi : c'est le Calvaire qu'on nous fait grimper là !

PATRICE, *descendu en scène.* Oui, oui, c'est bien ici !

ROGER, *qui se retourne vers le fond.* Vous pouvez avancer, mon colonel. Votre avant-garde s'est assurée du terrain. (*Il tend la main à Maximilien qui apparaît à son tour sur l'escarpement.*) — Ce ne sont plus ici les Pyramides, mais avouez que c'est tout aussi fatigant.

MAXIMILIEN, *qui est sur les rochers et en descend lentement, passe avant Roger et prend le n° 3.* Non, en vérité, Roger. Il y a du bonheur plutôt pour moi dans cette champêtre et poétique escalade... J'éprouve toutes les joies du souvenir. Oui, c'est au pied de ces roches que j'ai bâti mes premiers châteaux en Espagne ; ils étaient de sable, mon ami !... — Ces arbres ont abrité mes premiers sommeils et mes premières prières, — tenez — je les ai vus là-bas, devant cette croix !... (*Se découvrant.*) Salut, paradis qui as charmé mon enfance !... Salut, mon premier domaine et ma première conquête !... Il y a quinze ans que je vous regrettais, et j'avais dix ans quand je vous ai cru perdre pour toujours !... (*Roger va à lui et lui serre la main.*)

PATRICE, *qui se tient au premier plan, descendant au n° 1.* Vingt-cinq ans et déjà colonel ! (*Il regarde Maximilien avec admiration.*) — C'est ébouriffant.

ROGER, *revenant à Patrice, et gaiement lui tapant sur l'épaule.* Et moi, à vingt-deux ans, déjà l'ami d'un colonel ! Hein ? qu'en penses-tu ?

PATRICE. Je pense que vers 1702 ou 1703, je ne sais plus bien, — j'avais mon grand-père qu'était fifre dans les grenadiers du ci-devant roi Louis XIV. — Eh bien, mon lieutenant, il est mort dans les chasseurs du ci-devant roi Louis XV. Savez-vous ce qu'il était devenu, au bout de 47 ans de service ?

ROGER. Ma foi, non !

PATRICE. Il était devenu tambour. En v'là un que l'ancien régime n'avait pas poussé du tout, hein ? C'est pas pour les officiers de la république que c'est fait, ces insuffisances d'avancement !

ROGER, *gaiement.* Aussi ton tambour de grand-père s'est-il évidemment laissé mourir bêtement dans son lit ; tandis que nous autres, mon garçon, nous sommes lieutenants à vingt-deux ans, colonels à vingt-cinq, généraux à trente ; — mais à trente et un ans nous nous faisons tuer sur le champ de bataille !... Quand nous dépassons cet âge là, vois-tu, nous ne savons plus, que faire de notre personne, parole d'honneur ! (*Stupéfaction de Patrice.*)

MAXIMILIEN, *qui, cependant, regardait tout autour de lui.* Oui, oui, si je devais revoir jamais celle dont on m'a séparé, c'était ici, bien ici.

PATRICE, *se retournant vers Maximilien, passant au n° 2.* Oh ! pour ça oui, citoyen colonel, c'est bien ici. — Mademoiselle Diane m'avait remis ici sur un petit papier pour vous. Il était tout ouvert, comme je vous l'ai dit, et elle y avait écrit, avec une belle petite écriture fine que j'ai eu toutes les peines du monde à déchiffrer : « Te trouver dans le bois, à la Croix-qui-saigne.»

ROGER. Comment ! drôle ! tu t'es permis de lire...

PATRICE. Eh bien, sans ça, comment que j'aurais fait pour vous dire l'endroit, puisque le poulet en question, il a disparu de ma poche, tout comme s'il avait des ailes... — C'est dans une bonne intention que je l'ai lu, mon colonel... (*Il remonte.*)

MAXIMILIEN. Soit. Ne tourmente plus ce garçon, Roger. — Mademoiselle de Monge, si elle a voulu me revoir, n'a pas pu me donner un autre rendez-vous : c'est ici que sa mère l'amenait aussi quand elle guidait mes premières promenades enfantines. Ma sœur d'adoption sera restée fidèle à ce souvenir comme aux autres.,.

ROGER. Eh bien, dressons notre tente et attendons...

MAXIMILIEN. Oui, nous ne nous éloignons pas d'ici. — Mais toi, Patrice, qui connais le bois mieux que nous encore, va à la découverte et si tu rencontres ta maîtresse, fais ton métier de guide jusqu'au bout et amène-la... — Comment! tu hésites ?

PATRICE, *sans bouger de place*. Non pas, mon colonel, j'y vole. — Mais c'est que, voyez-vous, je tiendrais énormément à rester en votre compagnie...

ROGER. Ah, l'aimable valet de chambre!

PATRICE, *se reprenant*. C'est-à-dire, non, ce n'est pas que j'y tienne; mais voilà, puisqu'il y a tant de Compagnons du Soleil dans la circulation; j'ai peur en plein midi...

ROGER. C'est surtout à midi que les Compagnons du Soleil doivent être effrayants, mais (*tirant sa montre*) il est une heure vingt : tu n'as rien à craindre. Ainsi, par le flanc gauche et pas accéléré, en avant, *arche!...* (*Il fait pirouetter Patrice, le pousse et celui-ci sort.*)

PATRICE, *en sortant, et avec de grands gestes*. Ah! ces soldats! Je crois bien que ça se fait tuer! ça n'a peur de rien! (*Il sort. Maximilien et Roger restent seuls.*)

SCÈNE II.

MAXIMILIEN, ROGER.

MAXIMILIEN, *assis sur un quartier de roche, et pensif*. Pauvre et chère Diane, elle se cache pour me voir, sans doute! Elle élude la défense d'un père injuste et inexorable!... Ah! ne pouvoir l'aimer que dans le silence de mon cœur, et ne le lui dire qu'à l'ombre de ces bois! (*Il reste, la tête dans ses mains.*)

ROGER, *qui est allé se mettre devant la croix et l'examine curieusement*. Mon colonel, regardez donc cette croix.

MAXIMILIEN, *levant la tête*. Eh bien?

ROGER. C'est qu'il sort de ses bras comme de grosses gouttes de sang; voyez là, aux jointures du fer.

MAXIMILIEN. Oui; on l'appelle la Croix-qui-saigne.

ROGER. Elle n'a pas volé son nom! On viendrait d'en décrocher le patient que la trace des plaies ne s'y verrait pas mieux.

MAXIMILIEN, *se levant*. Au nom du ciel, Roger, ne dites pas cela!

ROGER. Et pourquoi ?

MAXIMILIEN. C'est que chaque fois que le sang se montre ainsi à cette croix, un malheur menace, dit-on, ceux qui s'y sont arrêtés.

ROGER. Oh! la bonne folie! Mais je vais vous l'expliquer, moi, votre croix qui saigne. D'abord elle est en fer, — ensuite, si jamais endroit fut humide, c'est celui-ci. Par conséquent, ce sang est tout bonnement de la rouille. Et voilà le miracle! J'ajouterai, sans être un grand savant, qu'il n'y en a pas mal aussi peu difficiles à expliquer!...

MAXIMILIEN. Oui, je suis fou... vous avez cent fois raison... mais...

ROGER, *achevant*. Mais vous ne me croyez pas?

MAXIMILIEN. Je crois que mon malheur, à moi, c'est d'être revenu dans ce pays. Hormis M. d'Oberval, votre père, qui m'a reçu, Roger, et l'amie d'enfance qui me cherche et que j'attends, tout ici m'est hostile et odieux. Et puis, au lieu de nos grandes expéditions de là-bas, en Italie, en Égypte, il va falloir faire je ne sais quelle chasse aux bandits. Il me semble que je me sens amoindri, rabaissé!...

ROGER. Nous allons écraser ces misérables qui dévorent le pays : cela n'a rien d'humiliant, parole d'honneur.

MAXIMILIEN, *qui prêtait l'oreille, interrompant Roger*. On vient... écoutez donc!...

ROGER. Attendez. (*Il remonte vers le fond et regarde.*) Hé! mais je le reconnais, l'hôte de ces bois!... (*Appelant.*) Par ici!... par ici, venez donc!...

MAXIMILIEN, *à part, avec regret*. Ce n'est pas encore elle! mon cœur me l'aurait dit! (*Entre Vincent Baudry. Il a un fusil en bandoulière.*)

SCÈNE III.

LES MÊMES, VINCENT BAUDRY.

VINCENT BAUDRY, *entrant*. Que me veut-on, sac à papier! qui m'appelle?

ROGER. Moi, parbleu!

VINCENT BAUDRY. Le lieutenant Roger! — Vous m'aviez donc reconnu?...

ROGER. Je vous reconnaîtrai toute ma vie : le premier cheval que j'ai eu, vous me l'avez estropié...

VINCENT BAUDRY, *à part*. Que diable fait-il ici?

ROGER. Ah çà! que cherchez-vous dans ces parages, citoyen Vincent?

VINCENT BAUDRY. Moi ? J'herborise.

ROGER. Avec ce fusil?

VINCENT BAUDRY. Ah! le fusil!... c'est que j'allais loin, voir un malade.

ROGER. Vous avez donc peur de le manquer?

VINCENT BAUDRY. Non, mais les routes sont si mal fréquentées...

ROGER, *désignant Maximilien*. Je veux vous présenter à celui qui est chargé de les assainir. (*A Maximilien.*) Mon colonel, l'Esculape de l'endroit.

MAXIMILIEN, *dédaigneusement*. Je connais le citoyen.... de nom. (*Bas à Roger.*) Laissez cet homme; il m'a toujours déplu.

ROGER. Tiens! il m'a toujours amusé. Enfin! comme vous voudrez.

VINCENT BAUDRY, *à part*. Est-ce qu'ils seraient en train de pousser quelque reconnaissance indiscrète de nos côtés, par hasard? (*Après avoir regardé autour de lui.*) Je les défie bien de se douter de l'endroit où ils sont... Tâchons de les faire jaser adroitement... C'est que je joue un gros jeu, sac à papier!... (*Allant aux deux officiers qui se promènent bras dessus bras dessous.*) Les citoyens, si je ne me trompe, se livraient aux douceurs de la promenade?... (*Pas de réponse. — A part.*) Peu communicatifs, les citoyens! (*Reprenant, haut.*) Je connais les bois comme ma poche et je me ferais un véritable plaisir de servir de guide aux citoyens... (*Même jeu. A part.*)

Rien encore! (*Reprenant, haut.*) Sans compter que les mauvaises rencontres y sont fréquentes et que pour des promeneurs même tels que vous, un citoyen comme moi, armé d'un bon fusil, n'est pas à dédaigner.

MAXIMILIEN, *s'arrêtant court*. Grand merci, Vincent Baudry; mais nous allons seuls, parce que, voyez-vous, il y a avec nous un compagnon que vous ne soupçonnez guère, mais dont le nom seul écarte les plus audacieux et trouble les plus indiscrets.

VINCENT BAUDRY, *ironique*. Sac à papier! et qui donc?

MAXIMILIEN. La loi! (*Il lui tourne le dos.*)

VINCENT BAUDRY, *interloqué et à part*. Diable d'homme! il dit vrai tout de même, car enfin pour le faire happer, lui et son acolyte, je n'aurais qu'à appeler, et c'est scandaleux à dire, mais je n'ose pas.

(*Entre Patrice.*)

SCÈNE IV.

LES MÊMES, PATRICE.

PATRICE, *entrant et sans voir Vincent Baudry*. Vite, colonel, c'est...

MAXIMILIEN, *l'interrompant*. Tais-toi. L'homme que voilà ne doit rien soupçonner. (*Donnant sa bourse à Patrice.*) Tiens, prends.

PATRICE. Le sérugien? Compris.

MAXIMILIEN, *bas*. Où est-on?

PATRICE, *bas*. Sur la lisière du bois. Vous n'avez qu'à suivre le sentier.

MAXIMILIEN. Il ne faut pas faire attendre. Venez, Roger. (*Il va pour s'éloigner.*)

VINCENT BAUDRY, *s'approchant*. Mais, citoyen colonel, si je suis de trop, je me retire.

MAXIMILIEN. Inutile... (*Il s'éloigne.*)

VINCENT BAUDRY. Comme il vous plaira; mais si vous tenez jamais ces Compagnons du Soleil, à qui vous donnez la chasse, frottez-leur les oreilles d'importance.

ROGER, *saisissant Vincent Baudry par une oreille*. Alors, gare aux vôtres!

VINCENT BAUDRY, *faisant un bond*. Mais... je suis un patriote éprouvé... et j'ai...

ROGER, *le lâchant*. Remettez-vous, on plaisante. Et de fait, pourquoi vous mêleriez-vous d'aller assassiner les gens sur les grands chemins, lorsque, en qualité de médecin, vous avez le privilége de les tuer à domicile? (*Il rejoint Maximilien et sort avec lui.*)

PATRICE, *riant*. Attrapez-moi ça, mon major! (*Il veut aussi sortir. — Vincent Baudry le retient.*) Laissez-moi donc aller!

VINCENT BAUDRY. Ah! toi, tu n'as ni sabre ni épaulette : je te garde!...

(*Maximilien, du fond, fait signe à Patrice de garder le silence, puis disparaît.*)

SCÈNE V.

PATRICE, VINCENT BAUDRY, puis PHILOMÈNE.

PATRICE, *à part, regardant Vincent Baudry*. Si tu me fais dire autre chose que ce que je veux, toi, tu seras malin.

VINCENT BAUDRY. Qu'est-ce que tu faisais là avec ces officiers, hein? conte-moi ça?

PATRICE, *d'abord embarrassé*. Moi... je...

VINCENT BAUDRY. Mais je m'intéresse à toi comme à eux, mon garçon...

PATRICE. Eh bien, je vas vous le dire... Seulement faudra pas le répéter, pas même à ma femme : vous savez, elle est jalouse de mon petit individu... elle n'aime pas à le perdre de vue longtemps.

VINCENT BAUDRY, *à part*. Enfin, je vais savoir...

PATRICE. Mon maître, le citoyen Monge m'a flanqué ma démission hier; des raisons, quoi! Alors, j'étais venu, comme ça, demander au colonel de m'enrôler.

VINCENT BAUDRY. Allons donc! un poltron comme toi! Et puis, tu ne t'appartiens plus : tu es marié.

PATRICE. C'est justement pour ça.

VINCENT BAUDRY. A d'autres!

PATRICE. Suivez bien mon raisonnement. Tant que j'ai été garçon, je me suis dit : T'as personne pour te remplacer, alors faut pas aller te faire démolir, mon petit Patrice. Mais à présent que j'ai une épouse, c'est bien différent : je peux avoir un enfant et qui sera mon portrait, avec mes cheveux, mon profil et aussi mes culottes que je lui laisserai. Car ce sera un garçon, mon major : tant que ça n'en sera pas un, que j'ai dit à ma légitime, rien de fait.

VINCENT BAUDRY. Après? Je ne saisis pas...

PATRICE. Attendez : quand je l'aurai, ce moutard-là, je revivrai en lui, n'est-ce pas? Eh bien, j'aurai bien le droit alors d'aller me faire tuer si ça m'amuse.

VINCENT BAUDRY. Mais cet enfant-là, tu ne l'as pas, imbécile!

PATRICE. Je l'aurai, soyez tranquille. Et, en attendant, je m'inscris pour une place à l'armée de la guerre. C'est tout naturel : il y a foule.

VINCENT BAUDRY, *impatienté*. Il est dit que je ne saurai rien. Va-t'en à tous les diables!

PATRICE, *dans le ravissement*. Enfoncé, le vétérinaire! Filons!... (*Avec un transport comique.*) Et vive la nation, une et indivisible! Tous les hommes sont frères, et les femmes aussi! (*Il s'élance pour sortir. Entre Philomène, qui lui barre le passage.*)

PHILOMÈNE, *saisissant Patrice et lui donnant un soufflet*. Ah! c'était donc vrai! Tiens!

PATRICE. Ma femme!

VINCENT BAUDRY, *riant*. Hé! bon Dieu! laissez quelque chose à faire aux autres!

PHILOMÈNE, *tenant toujours Patrice*. Est-il à moi? oui ou non?

VINCENT BAUDRY. D'accord... mais...

PATRICE. Je t'assure, Philomène...

PHILOMÈNE. Quoi? est-ce que je ne t'ai pas suivi? est-ce que je ne t'ai pas surpris?...

PATRICE. Il fallait bien...

PHILOMÈNE, *se récriant*. Il fallait bien! L'entendez-vous, le monstre?

VINCENT BAUDRY. Enfin, qu'a-t-il fait? Expliquons-nous.

PATRICE. Il n'est que temps.

PHILOMÈNE. Il a un rendez-vous!

PATRICE. Je proteste.

VINCENT BAUDRY, *haussant les épaules*. Invraisemblable!

PHILOMÈNE. Et la preuve que j'ai là! Tenez,

ce billet doux que j'ai pris hier soir dans sa poche.

PATRICE, *à part et tout inquiet.* Patatras ! le billet pour le citoyen colonel... et il ne veut pas que le major sache rien... (*A Philomène.*) Chérie, garde ça pour toi, je t'en conjure !

PHILOMÈNE. Non pas, je veux vous confondre. (*A Vincent Baudry en lui tendant le billet.*) Lisez.

VINCENT BAUDRY, *prenant le billet et le lisant.* « Ami, trouve-toi demain dans le bois » où nous sommes allés tant de fois déjà, près » du rocher de la Croix-qui-saigne. Je n'ai » plus qu'un espoir, ta présence; qu'un re- » cours, ta tendresse. » — Et pas de signature !

PATRICE, *à part.* Sauvé alors !... Il ne saura pas qui c'est !

VINCENT BAUDRY, *regardant le billet.* Des initiales seulement.

PHILOMÈNE. C'est égal : c'est d'une femme, j'ai flairé ça tout de suite, moi.

VINCENT BAUDRY, *regardant toujours le billet.* D. de M... (*Cherchant.*) Qui donc commence ainsi son nom ?... Diane de Monge.... Sac à papier ! j'y suis, je comprends tout. (*Haut à Philomène.*) Ma commère, embrassez-moi ce mari-là. Le billet n'était pas pour lui. Une femme qui a du papier aussi parfumé n'écrirait pas de ces choses-là au citoyen Patrice.

PHILOMÈNE, *se formalisant.* Dites donc, voulez-vous bien ne pas insulter mon mari, vous ?

VINCENT BAUDRY. Je le disculpe. La lettre en question a dû lui être confiée pour qu'il la remît à quelqu'un de ma connaissance. Je le défie de le démentir.

PHILOMÈNE, *à Patrice interdit.* Voyons, réponds.

PATRICE, *prenant son parti.* Eh bien, oui : le major a du flair : c'est ça !

PHILOMÈNE, *s'attendrissant.* Et je t'ai frappé ! — Tiens ! rends-le-moi !...

PATRICE. La mère de mes enfants... quand j'en aurai !... J'aimerais mieux avoir toute la vie mes deux mains dans mes poches !... Battu, mais content... Je t'embrasse !

VINCENT BAUDRY, *s'interposant.* Allez sceller vos raccommodements plus loin, époux sensibles et constants. Vous vous adorez, c'est entendu; mais vous avez quatre lieues de forêt devant vous : c'est bien le diable si, quand vous rentrerez au logis, vous n'avez pas encore fait la paix.

PATRICE, *Philomène sous le bras, s'approchant de Vincent Baudry.* Vous êtes un finaud, vous ! Mais, avec tout ça, j'ai manqué à ma promesse : qu'est-ce qui va en résulter pour moi ?

VINCENT BAUDRY. Tu sauras ça d'ici à neuf ou dix mois, imbécile...

PHILOMÈNE, *au moment de sortir, à Patrice.* Par où nous en allons-nous ?

PATRICE, *avisant un chemin.* De ce côté... C'est là qu'il y a de la noisette ! (*Il entraîne Philomène et sort avec elle. Vincent Baudry reste seul; il a gardé le billet.*)

SCÈNE VI.
VINCENT BAUDRY, *resté seul.*

VINCENT BAUDRY. Or çà, maître Baudry, vous avez le nez fin, mon ami, mais le bras terriblement mou ! Tout à l'heure, par exemple, vous pouviez en finir d'un coup avec ce fier-à-bras qu'on a lancé à vos trousses et à celles de vos associés, et vous n'avez point osé ! Et maintenant (*regardant le billet*) que vous avez entre les mains ce précieux document, qu'est-ce que vous allez en faire ? Le remettre au père de la belle... C'est facile, on va vous l'amener ici-même et vous n'avez qu'à l'attendre... Le porter au prétendu ? C'est plus facile encore : tournez ce rocher, faufilez-vous sous ces broussailles et vous n'aurez pas fait cent pas sous terre que vous vous trouverez au milieu des Compagnons du Soleil, et devant leur redoutable chef !... S'il savait que vous avez hésité, il vous logerait une balle dans la tête, mon pauvre Vincent !... Sac à papier ! je suis un chirurgien bien perplexe, moi. (*Il réfléchit, puis se retournant.*) On vient de ce côté !... (*Il remonte et regarde.*) Le fier-à-bras en question ! Il s'approche ! (*Il court à son fusil.*) Si je tranchais la difficulté ? (*Il épaule, puis l'arme lui échappe.*) Ah ! ganache, je ne suis plus bon qu'à manier une lancette ! (*Il regarde encore.*) Et puis il n'est pas seul !... Une femme !... Mlle de Monge !... C'est le marquis de Saint-Christol qui se la réserve celle-là... Allons, Vincent Baudry, laisse venir les tourtereaux et va tout dire au grand chasseur ! (*Il entre dans l'excavation et disparaît. — Peu après entrent Maximilien et Diane causant.*)

SCÈNE VII.
MAXIMILIEN, DIANE.

MAXIMILIEN. Voici l'endroit, ma chère Diane, puisque tu veux absolument que je t'y mène.

DIANE. Oui, c'est pour moi comme un pèlerinage. Il y a une croix. Nous y laisserons une prière, et nous y trouverons une bénédiction.

MAXIMILIEN, *souriant.* Comme autrefois.

DIANE. Comme autrefois. (*S'approchant du monticule.*) Regarde, Maximilien, il y avait là, ce me semble, une sorte de voûte ?

MAXIMILIEN, *s'approchant.* Il y a longtemps que les éboulements en ont fait disparaître l'entrée.

DIANE. On disait que par là on allait jusqu'au château des papes... Oui, par un immense souterrain. Et ces pauvres protestants qu'on y enferma, au temps des guerres de religion et qui y moururent de faim. Te rappelles-tu ? On disait aussi que parfois on entendait leurs gémissements.. Et nous nous approchions tous les deux pour écouter, mais en nous serrant l'un contre l'autre et en tremblant bien fort. (*Elle attire Maximilien près de l'excavation.*) Tiens ! il me semble encore entendre quelque chose !...

MAXIMILIEN, *l'éloignant.* Si Roger ne nous avait pas quittés, il te gronderait. Viens le rejoindre, chère superstitieuse.

DIANE. Non, je veux m'asseoir là, au pied de cette croix. (*Elle s'assied.*) Vois-tu là bas cette pierre? Ma mère s'y asseyait aussi, il y a quinze ans, et j'allais de ses bras aux tiens. Sainte morte bien-aimée! il me semble que son âme est avec nous et dans mes regrets, je m'en sens heureuse!... Et toi?

MAXIMILIEN. Moi, je donnerais tout ce qui me reste de vie, pour payer une seule des heures de mon enfance!

DIANE. Et cependant, mon Maximilien, ce bonheur est une faute peut-être. Je l'ai caché à mon père. Mais il le fallait. Si je suis venue, c'est que j'ai besoin de toi, vois-tu, moins pour moi que pour lui. Je l'ai retrouvé assombri, irrité, se débattant au milieu d'épreuves que je ne puis soulager et de gens qu'il me répugne d'aborder. Tiens, ce matin même, quand j'ai voulu lui porter mon baiser, et peut-être lui aurais-je avoué que je voulais te voir! il était parti... un inconnu était venu le chercher... Où était-il allé? On ne savait. Alors, je te l'ai écrit: je n'avais plus de recours qu'en toi. Mais mon père t'a méconnu, vas-tu me dire, il t'a repoussé: eh bien, pour moi, reviens à lui le premier, force son estime et son affection; s'il souffre, aide-moi à le consoler... S'il se trompe, prête-lui ta loyauté... en un mot, sauve-le!...

MAXIMILIEN. Je te le jure.

DIANE. Devant cette croix?

MAXIMILIEN. Devant Dieu.

DIANE, *avec effusion.* Ta main alors! ton front! (*Elle l'embrasse.*)

MAXIMILIEN. Tu m'aimes?

DIANE. Est-ce que ma mère ne me l'a pas appris?...

(*En ce moment Saint-Christol et, par derrière, Vincent Baudry se montrent à l'entrée de l'excavation. Ils écoutent, cachés par les broussailles.*)

MAXIMILIEN, *tenant dans ses mains les mains de Diane.* Va, chère sœur d'adoption, douce compagne de mon enfance, ne crains plus, ne regrette rien, ni surtout l'aveu que tu viens de me faire. Il te donne un esclave. Ma volonté, c'est ton désir, et tout ce qui te touche, tout ce qui t'approche m'est sacré.

(*Entre Roger un bouquet à la main.*)

SCÈNE VIII.
LES MÊMES, ROGER.

ROGER, *un peu au fond.* Je reviens... mais voici ma permission. (*Il montre son bouquet.*)

MAXIMILIEN, *se retournant.* Personne ne vous avait éloigné, mon cher Roger.

ROGER. C'est égal, j'étais un peu perdu dans cette idylle; dame! un sous-lieutenant de hussards!... Alors j'ai cueilli ceci pour me donner une contenance. (*Offrant le bouquet à Diane.*) Mademoiselle.

DIANE, *prenant le bouquet.* Oh! les jolies fleurs!

ROGER, *bas à Maximilien.* Une estafette nous cherche, venue d'Avignon: il faut partir.

DIANE, *qui a entendu.* Pourquoi parler bas, monsieur Roger? Ah! c'est ce mystère qui nous perdra! Venez, mon ami, une voiture m'attend à la lisière du bois et d'ici à l'hôtel de Monge, il ne faut pas une heure. (*Regardant autour d'elle.*) Adieu, mes vieux arbres!... adieu, pauvre et chère croix! puissiez-vous ne jamais abriter de plus coupables que nous! (*Elle sort avec Roger et Maximilien. Saint-Christol et Vincent Baudry se montrent alors hors des broussailles et descendent en scène. Peu après, Hastyer les suit.*)

SCÈNE IX.
SAINT-CHRISTOL, VINCENT BAUDRY, puis HASTYER.

VINCENT BAUDRY, *excitant Saint-Christol, qui suit des yeux les précédents.* Et vous laissez faire!... vous laissez dire!... quand ils ne sont que trois et que rien qu'en frappant la terre du talon de nos bottes, nous serions dix,... vingt... s'il le fallait. (*Saint-Christol, les bras croisés, ne répond pas et reste immobile.*)

HASTYER, *sortant à son tour et tapant sur l'épaule de Christol.* Voyons! je ne te reconnais plus, Trestaillon! Tu fais trop le marquis, mon vieux camarade!... Est-ce que tu as peur d'un plumet tricolore? Il fut un temps où tu te serais colleté avec le diable, s'il t'avait barré le passage, même à Toulon.

SAINT-CHRISTOL, *se retournant.* Hastyer, méfiez-vous des souvenirs, ce sera prudent.

HASTYER. Pour qui?

SAINT-CHRISTOL. Pour vous. Du reste ce n'est pas à Toulon que je vous ai connu, vous, mais à Brest où vous êtes, je crois, attaché à ma fortune.

VINCENT BAUDRY, *à part, en se touchant du doigt le bas de la jambe.* Attaché est le mot.

SAINT-CHRISTOL, *continuant.* Mais tout cela est si loin de nous! Aujourd'hui nous avons des titres, un hôtel et le reste.

HASTYER. Est-ce une raison pour laisser échapper un de nos ennemis, le plus redoutable de tous?

VINCENT BAUDRY, *insistant.* Un gaillard qui va se jeter à la traverse de votre mariage! Sac à papier! si j'étais à votre place!

SAINT-CHRISTOL, *avec dédain.* Vous êtes fous tous les deux. Vous ne comprenez rien! Qu'est-ce que peuvent me faire ces amours d'enfants? Ce paladin garde son amante à mon profit, rien de plus, et le jour où je dirai: A mon tour! je la retrouverai telle que je l'ai laissée. Mais non, c'est le père que je veux. Son nom est vrai, à lui, il couvrira les nôtres. Nous jouons aux gentilshommes, mais quand nous aurons changé des gentilshommes en bandits, qui s'y reconnaîtra? En un mot, avec la fille, j'aurai le père, et plus encore, j'aurai l'amant.

HASTYER. Tu sais bien que ton chevalier n'a pas encore accepté.

SAINT-CHRISTOL. Attendez un peu, vous verrez tout à l'heure quels arguments j'ai pour le décider.

VINCENT BAUDRY. Et la belle? ça doit avoir des scrupules, ça a si peu vécu.

SAINT-CHRISTOL. Est-ce que je ne suis pas un sauveur pour elle? Sa reconnaissance me répond de sa docilité.

HASTYER. Reste le galant; s'il était reconnaissant celui-là, c'est qu'il ne saurait pas son métier.

SAINT-CHRISTOL. Il me sera utile, ce qui vaut mieux. Laissez mon mariage se faire et je l'attirerai à moi. Ses plans, ses ressources, je me les ferai livrer. Et si j'échouais, eh bien, rappelez-vous le serment que tout à l'heure ici même le colonel Maximilien a fait à Diane de Monge : « Tout ce qui vous touche, tout ce qui vous approche est désormais sacré pour moi. » Cet engagement est une ressource suprême et le moment venu, je saurai m'en servir.

(*On entend un cri lointain, celui des chouans.*)

VINCENT BAUDRY, *se retournant*. Écoutez : un des nôtres qui demande l'entrée.

(*Même cri, plus rapproché.*)

HASTYER. Deux cris, il n'est pas seul.

SAINT-CHRISTOL. Enfin ! (*A Hastyer.*) L'entrée est libre : répondez. (*Hastyer se dirige vers le fond, et répond par le même cri.*)

VINCENT BAUDRY, *s'approchant de Saint-Christol*. C'est lui sans doute.

SAINT-CHRISTOL. Oui, c'est bien l'heure. Appelez nos compagnons. Tout doit être prêt, et j'attends.

(*Vincent Baudry va à l'excavation et fait un signe. Entrent les Compagnons du Soleil. Ils se groupent à gauche. Entrent alors, par le fond à droite, de Monge et le Compagnon qui le mène. De Monge a les yeux bandés.*)

SCÈNE X.

LES MÊMES, DE MONGE, TROISIÈME COMPAGNON.

(*De Monge et le troisième Compagnon restent un peu à l'écart et attendent.*)

SAINT-CHRISTOL, *debout*. Qui nous annoncez-vous ?

TROISIÈME COMPAGNON. Un profane.

SAINT-CHRISTOL. De quel droit ose-t-il pénétrer dans l'enceinte terrible ?

TROISIÈME COMPAGNON. C'est qu'il est né puissant, qu'il a vécu malheureux et qu'il veut mourir vengé.

SAINT-CHRISTOL. Que demande-t-il ?

TROISIÈME COMPAGNON. A subir les épreuves.

SAINT-CHRISTOL. Puisqu'il y consent, amenez-le devant nous.

(*Ce jeu de scène s'exécute.*)

DE MONGE, *tout en s'avançant*. Si j'y consens ! N'ai-je pas eu l'honneur de dire hier à monsieur le marquis de Saint-Christol que je lui apporterais mes remercîments et aussi ma réponse ? Or, monsieur que voici (*il désigne le troisième Compagnon*) s'est présenté ce matin chez moi pour me servir d'introducteur... et il a mis sa berline à ma disposition. J'aurais mauvaise grâce à me plaindre ; mais on a multiplié les détours et les précautions... Ce bandeau, par exemple, qu'on m'a obligé de garder... oh ! j'en conviens, avec toute la courtoisie voulue !... Par ma foi, messieurs, est-ce que chez monsieur de Saint-Christol, on est en pays ennemi ?

SAINT-CHRISTOL. Savez-vous au milieu de qui vous êtes ?

DE MONGE. Messieurs les Compagnons du Soleil, je suis bien votre serviteur !

SAINT-CHRISTOL. Écoutez alors. Vous n'aurez d'amis et d'ennemis que les nôtres. Si le maître vous dit : Abdique tes ressentiments, foule aux pieds tes affections et pour mieux frapper ferme les yeux !...

DE MONGE. J'irai droit à la victime pour le triomphe de cette cause, et je verserai mon sang, je le jure.

SAINT-CHRISTOL, *aux Compagnons*. Et maintenant, Compagnons, s'il en est un de vous que ce serment n'ait pas convaincu, qu'il s'approche et poignarde l'imposteur : c'est son droit.

DE MONGE, *croisant les bras*. J'attends, messieurs.

HASTYER, *à part*. Il sera toujours temps.

SAINT-CHRISTOL. Alors, chevalier de Monge, vous voilà des nôtres... Rendez ses yeux à la lumière.

DE MONGE, *à qui on a ôté le bandeau*. Mille grâces, marquis.

SAINT-CHRISTOL, *le prenant à part, et à voix basse*. Avez-vous bien réfléchi depuis hier, monsieur de Monge ?

DE MONGE. Oui... et cette nuit encore ! j'ai vu se dresser autour de moi, fantômes repoussants, les dettes, les misères, les hontes ! Il me semblait que pierre à pierre ma maison s'écroulait, que mon honneur s'en allait en lambeaux. Et puis ma fille m'appelait à l'aide, et je ne pouvais la défendre. Mes ennemis m'insultaient, et je ne pouvais me venger !

SAINT-CHRISTOL, *aux Compagnons*. Les épreuves maintenant. (*Deux Compagnons présentent à de Monge l'un un coffre, l'autre un poignard. Saint-Christol reprend.*) Voilà de l'or, voilà du fer. Avec cela on rachète son honneur ou on le venge.

DE MONGE, *reculant*. Oui... oui... mais cet or, d'où vient-il ? Ce poignard, qui a-t-il frappé ?

SAINT-CHRISTOL. Qu'importe ? c'est la puissance sur tous et partout. Nous vous l'offrons.

DE MONGE. Oh ! démon tentateur ! éloignez-vous ! éloignez-vous !

SAINT-CHRISTOL. Non, il ne sera pas dit que l'homme dont je veux épouser la fille restera à la merci d'un usurier comme Samuel Gunhbi ou d'un sermonneur comme M. d'Oberval. Prenez ce qu'il vous faut, monsieur.

DE MONGE. Une aumône !... à moi !... jamais ! Je n'ai plus que mon sang à vendre, et je vous le vends.

SAINT-CHRISTOL. Allons donc, donnez-moi votre main, chevalier, c'est celle d'un ami, n'est-ce pas ?

DE MONGE. Et celle d'un père. Ne le pensiez-vous pas ?

SAINT-CHRISTOL. Si, nous étions faits pour nous entendre !

(*Cris d'alerte et coups de feu au dehors.*)

HASTYER, *remontant au fond*. Ce sont nos sentinelles qui ont fait feu !

SAINT-CHRISTOL. Une attaque sans doute...

(*Il remonte aussi.*)

DE MONGE, *prenant son parti*. Allons ! je vais entrer en fonctions, à ce qu'il paraît !

VINCENT BAUDRY, *à part*. Pauvre fou qui s'imagine qu'il en sera quitte pour quelques balles échangées...

SAINT-CHRISTOL, *redescendant en scène*. Aux armes ! Allons, chevalier ! c'est encore une épreuve... Mais n'allez pas faiblir au moins !

DE MONGE, *s'emparant du fusil apporté par Vincent Baudry.* Moi!... Donnez-moi ce fusil (*Aux Compagnons.*) Messieurs, je vais vous montrer comment on se battait de mon temps! (*Il s'élance. — Coups de feu. — Tableau.*)

TROISIÈME ACTE

Chez le juif Gunhbi. Intérieur sordide. Au fond, porte massive à deux battants. Portes latérales. Table, escabeau à gauche. A droite, une sorte de bureau avec grillage et guichet. Registres, paperasses, etc.

SCÈNE PREMIÈRE.

PATRICE, PHILOMÈNE, HASTYER, *au guichet de la caisse* ; GUNHBI, *assis dans sa caisse et parlant à Hastyer.*

GUNHBI. Zé vi assoure que c'est inoutile... D'aillors je souis occupé.

HASTYER, *en incroyable. Il parle, affecté.* J'ai de la patience... J'attendrai.

GUNHBI. Certamente... certamente...

PATRICE, *s'asseyant.* Certamente, certamente, comme il dit pour faire croire qu'il est Italien. — Moi, je crois plutôt qu'il est Arabe. Mais c'est égal : il n'a pas besoin de se presser. (*Se rapprochant de Philomène.*) Parce que, quand je suis comme ça avec ma petite Loumène adorée, je n'ai qu'une envie, c'est de rester seul... (*Il veut l'embrasser.*)

PHILOMÈNE, *le repoussant.* Vraiment oui ! l'endroit est bien choisi.

PATRICE. C'est vrai ça, qu'il faut choisir ses endroits. Tiens, à preuve! te rappelles-tu la dernière fois, il y a deux jours, dans le bois ? J'étais en train de te conter je ne sais plus quoi quand tout à coup voilà les coups de fusil qui éclatent... J'ai-t-y eu peur tout de même ! j'ai-t-y eu peur! J'ai pas seulement pu achever ma phrase...

PHILOMÈNE. Oui... parlons-en...

PATRICE. Voyons... ous que j'en étais resté...

HASTYER, *essayant de forcer le passage.* Je vous ju..e que si vous avez la ba..ba..ie de me efuser, je vais de ce pas acheter à c..édit un boisseau de cha..bon, et je m'asphyxie là, sous vos fenêt..es, ni plus ni plus ni moins que la derniè..e des blanchisseuses.

GUNHBI. Et moi... je vi dis... qué si vi ne vi en allez pas... ze vi ferai çasser... (*Appelant.*) José...

PATRICE, *intervenant et achevant.* Joséphine, citoyen? — Absente par congé. C'est ma femme et moi qui lui avons dit tout à l'heure : Allez, Sarah! à vos affaires, et n'ayez pas peur. Puisque nous avons des fonds chez votre bourgeois, on peut nous confier la maison.

GUNHBI, *stupéfait.* Comment! toi ici? Que veux-tu?

PATRICE. Voyons : j'ai-t-y des fonds chez vous, ou je n'en ai-t-y pas?

GUNHBI. Tu en as. Après?

PATRICE. Après? Je viens les chercher : c'est mon droit. Je ne suis plus domestique. Je veux-t-être un homme établi et ma femme aussi. Et puis je serai père un jour ou l'autre : c'est des frais. Si c'est un effet de votre bonté, vous allez me rendre ça.

GUNHBI. Ze casserai la maudite... et toi, ze vais te régler... (*Il descend un peu.*)

HASTYER, *qui est entré et s'assied au n° 1.* Et moi, je m'assieds, je me c..amponne! Je m'inc..uste.

GUNHBI. Excellença... citoyen... mousou le vicomte, ze vi en conzure, allez chercher des pistoles ailleurs!...

HASTYER. Par la sambreguois, j'ai juré que tu me ruine...ais! Tu tiend..as ma pa..ole...

GUNHBI. Mais...

HASTYER, *désignant Patrice.* Allons, règle ce pauv..e diable... Je suis patient, j'attendrai.

PATRICE, *se récriant.* Mais pas si pauvre que ça, vous allez voir.

HASTYER. Petite pa..ole d'honneur! ces capitalistes me font toujours rire!

(*Il est assis. Gunhbi se résigne et passe à son bureau, où il ouvre un registre.*)

PHILOMÈNE, *à Patrice.* Tu as tes comptes aussi?

PATRICE. Je l'espère bien. On ne m'en remontre pas à moi ! (*Il tire de sa poche un petit carnet qu'il feuillette.*)

HASTYER, *à part et regardant autour de lui.* La maison est isolée, le quartier est désert ; la servante est loin, et voici la nuit. Allons, l'affaire est possible ce soir.

PATRICE, *à Gunhbi, à travers le grillage.* V'là six ans que nous sommes en compte, pas vrai?... J'ai mis chez vous ce que feu mon père m'a laissé, et puis la dot de ma femme, et puis toutes nos économies, le sou pour livre et les étrennes. Savez-vous que ça fait un joli total, hein, papa Gunhbi.

GUNHBI. Certamente, mon ami, certamente ; voyons votre chiffre.

PATRICE. Cent trente-quatre mille cinq cent vingt livres.

HASTYER, *se levant.* Pas possible!

GUNHBI, *regardant ses livres.* C'est bien cela. Attendez. (*Il va à sa caisse.*)

HASTYER, *à part.* Et le gueux me jurait de n'avoir pas ses fonds chez lui!

PATRICE, *à Philomène, en lui montrant Gunhbi.* Rubis sur l'ongle. C'est pas plus difficile que ça.

GUNHBI, *revenant vers le guichet.* Voilà, mon zer, intérêt et capital...

PHILOMÈNE, *joyeuse.* Nous voilà riches ! (*Elle bat des mains.*)

PATRICE. Enfin! (*Il s'approche du guichet où Gunhbi a déposé l'argent.*) — C'est ça?

GUNHBI. Certamente, certamente!

PATRICE, *regardant l'argent, stupéfait.* Dix-sept francs dix sous.

GUNHBI. C'est votre compte !

PATRICE. Mon compte! Philomène, il a dit mon compte : dix-sept francs et demi, et nous lui avons remis cent trente-quatre mille cinq cent vingt livres.

GUNHBI. Ma c'était en assignats que vous me les avez remis, mon zer, c'était en assignats, et les assignats, mon ami, à l'heure qu'il est, ils ne valent pas trois sous la livre!... Ze vous les paye au poids, Dio d'Abraham, et vous vous plaignez !

PHILOMÈNE. Miséricorde !

PATRICE. Ruiné !

HASTYER. Ah ! cette fois, il faut rire pour de vrai et de bon cœur.

(*Il rit. Philomène s'est laissée tomber sur un siège, la figure dans les deux mains. Patrice gesticule. Gunhbi serre tranquillement son registre. Entrent par le fond d'Oberval et Maximilien.*)

SCÈNE II.

LES MÊMES, MAXIMILIEN, D'OBERVAL.

D'OBERVAL, *montrant de la porte Gunhbi à Maximillien*. Voici l'homme. J'aurais voulu vous conduire ailleurs que chez lui ; mais il n'y a qu'ici que vous pourriez réaliser en une heure les fonds dont vous avez besoin. (*Il descend en scène avec Maximilien.*)

HASTYER, *qui les reconnait*. Eux ici ! des fonds à réaliser en une heure ! (*A part.*) Plus que jamais il faut que je reste. (*Il se glisse par derrière et sans être vu se tient en observation.*)

D'OBERVAL, *à Gunhbi*. Pouvez-vous nous donner quelques instants d'entretien, maître Gunhbi ?

GUNHBI, *regardant par le grillage, maugréant*. Ils demandent tous qu'on leur donne !... Attendez ! (*Il ferme son bureau, etc.*)

MAXIMILIEN, *apercevant Patrice et Philomène abîmés dans leur douleur*. Mais je ne me trompe pas ! C'est Patrice... et sa femme... Que faites-vous ici ?

PATRICE. Je me fais plumer, mon colonel ! Je suis ruiné, quoi ?... et ma femme aussi... et mon fils... quand j'en aurai un !

PHILOMÈNE. Sans place, citoyen, et dix-sept francs dix sous pour toute fortune !... Et pas moyen de réclamer encore !... (*Montrant le poing à Gunhbi*). C'est lui... lui !

D'OBERVAL, *à Maximilien*. Étonnez-vous que M. de Monge ait laissé sa fortune entre de pareilles mains ! (*Il désigne Gunhbi.*) — Tout lui est bon, les largesses du grand seigneur et l'épargne des pauvres gens.

MAXIMILIEN. Terminons-en au plus tôt.

D'OBERVAL. Attendez. (*A Patrice et à Philomène.*) Venez demain chez moi. Vous êtes d'honnêtes gens. On verra à vous y occuper. Cela vous convient-il ?

PHILOMÈNE. Ah ! citoyen, que de reconnaissance ! vous nous donnerez ce que vous voudrez !...

PATRICE. Seulement, vous savez, pas en assignats ! Je vous vends mes bras, ma tête, mon âme, tout !... mais pas d'assignats ! pas d'assignats !

GUNHBI, *ressortant du grillage*. Je vous écoute... ma faites vite ! (*Sur un geste de d'Oberval, Patrice et Philomène s'éloignent sans voir Hastyer toujours caché. Gunhbi regarde autour de lui, également sans l'apercevoir et reprend.*) Qu'attendez-vous ?

SCÈNE III.

D'OBERVAL, MAXIMILIEN, GUNHBI, HASTYER, *caché*.

D'OBERVAL, *à Gunhbi*. Il s'agit d'une affaire.

GUNHBI, *soupçonneux*. Une affaire... certamente !... ma... il est bien tard !...

MAXIMILIEN. Je suis colonel, chef d'état-major du corps d'armée qui opère dans ce département, et j'ai besoin de réaliser immédiatement une somme considérable, nécessaire aux frais des opérations que je dirige et surtout à la paye des hommes que je commande.

HASTYER, *à part*. Quel renseignement !

MAXIMILIEN, *reprenant*. J'ai sur moi cette somme. Elle est en bons du Trésor, payables à vue et portant intérêt. Voulez-vous me l'échanger contre de l'or ?

GUNHBI. Si zé veux... dites si zé peux... monsou lou citoyen officier...

MAXIMILIEN. Voyons : décidez-vous.

GUNHBI. Attendez oun poco... Si l'affaire il est sériouse, z'allume. (*Le jour a baissé. Il allume sa lampe.*) Le siffre de la somme, Excellenza ?

MAXIMILIEN. Cinquante mille francs...

GUNHBI. Cinquante mille francs ! c'est trop, beaucoup trop... le citoyen Gunhbi n'a zamais de sa vie eu pareille fortune, povero !

MAXIMILIEN. Alors, serviteur. (*Il veut se retirer.*)

GUNHBI. Ma... en serçant bien, pour être agréable au colonel et aussi à la Répioublique... il pourrait peut-être trouver...

HASTYER, *à part*. Allons donc !...

MAXIMILIEN. Je vous ai dit qu'il me faut cet argent sur-le-champ.

GUNHBI. Que la vostra Eccellenza il me donne zousqu'à demain.

D'OBERVAL, *intervenant*. Avez-vous en caisse, oui ou non, cinquante rouleaux de mille francs ?

GUNHBI. Si vous criez cela si fort, vous me ferez ésarper, assassiner, dévaliser !

MAXIMILIEN. Inutile d'ajouter que commission, escompte, courtage, j'accepte d'avance toutes vos conditions...

GUNHBI, *tenté*. Toutes mes conditions !...

MAXIMILIEN. Eh bien ?

GUNHBI. Ah ! ce n'est pas la volonté... c'est les louis qui me manquent...

MAXIMILIEN *à d'Oberval*. Venez, mon ami. (*Fausse sortie.*)

GUNHBI, *retenant Maximilien*. Moi, ze n'ai pas les 50,000 francs ; mais z'ai oun ami qui les a. (*Mouvement d'impatience de Maximilien.*) Seulement il ne les a plus : perché ? (*Autre mouvement.*) Perché il me les a confiés... Touçer à ce dépôt, moi Samuel ?... ze me broulerais la main plutôt. (*Autre mouvement.*) Attendez... à moins que Son Eccellenza, monsou le citoyen colonel, il me dise : Gunhbi, vous indemniserez votre ami... larzement... à mes frais...

MAXIMILIEN. Mais c'est convenu... Faites votre compte, vous dis-je, et hâtez-vous...

GUNHBI. Certamente, signor, certamente... zé souis connu pour ma régularité... ma, vi savez, l'or, il est ser, très-ser !... (*Il rentre derrière le grillage et se met à écrire.*)

MAXIMILIEN à *d'Oberval*. (*Ils descendent en scène.*) Cette somme, mon cher d'Oberval, m'a été allouée par le ministère pour faire face, vous le savez, aux dépenses imprévues et secrètes que nécessiterait notre expédition contre les Compagnons du Soleil. Je la déposerai chez vous et n'y toucherai qu'à la dernière extrémité. Oui, je tiens à honneur de la rendre intacte, et je veux battre ces bandits non pas avec de l'or, vive Dieu ! mais avec du plomb !

HASTYER, *à part*. Tu comptes sans ton hôte, pauvre colonel !... 50,000 francs ici et autant chez ce d'Oberval ! allons ! nous ferons coup double ! (*Il s'esquive.*)

D'OBERVAL, *se retournant au bruit*. Qu'est-ce donc que ce bruit ?

MAXIMILIEN. Oh ! rien, quelque volet que le vent aura fermé ! Nous sommes seuls, et une autre de mes intentions va se trouver ainsi remplie : j'ai voulu, en venant chercher moi-même cette somme, que nul n'en soupçonnât l'existence et ne s'y laissât tenter.

D'OBERVAL. Allons, je ne regrette plus d'être venu dans cette maison.

GUNHBI, *revenant de son bureau, un bordereau à la main.* Voilà oun petit bordereau... Si Leurs Excellences veulent regarder ?... (*Il le donne à Maximilien.*)

MAXIMILIEN, *qui a regardé, lui remettant des papiers*. Et voici en échange deux bons au porteur sur le Trésor. Chacun est de vingt-cinq mille francs. En outre, ces trois mille francs, conformément à votre bordereau.

GUNHBI. Dio de Salomon ! c'est bien per vi obliger, citoyen, monsou colonel !...

MAXIMILIEN. L'argent ?

GUNHBI, *allant prendre une cassette*. Dans cette cassette, cinquante rouleaux. Attendez, per Dio ! que ze les regarde encore !... Il a fallu cent ans à mon ami per les amasser oun à oun et tous de bon poids !... Pas un qui soit rogné... cacez-les bien !

MAXIMILIEN. Un mot encore, citoyen. Vous êtes le principal créancier du chevalier de Monge qui habite cette ville...

GUNHBI. Per oune misère... 600,000 livres ! ma les frais montent si vite !...

MAXIMILIEN. Vous ferez bien de tenir prêts vos titres, je vous prie...

GUNHBI. Vous croyez que ze serai remboursé ?...

MAXIMILIEN. Pourquoi pas ? Je sais que le chevalier a enveloppé sa fille dans sa ruine. J'ai quelque bien, et puis, comme on dit, les épargnes du soldat, les parts de prises, que sais-je encore ? Et, si je n'ai pas à intervenir dans les folies d'un homme qui ne m'a témoigné jamais qu'aversion et dédain, pourquoi ne me serait-il pas permis de tendre la main, sans qu'elle s'en doutât, à l'innocente et douce créature à qui mon cœur appartient ?

D'OBERVAL. Vous serez heureux, Maximilien, car vous le méritez.

MAXIMILIEN. Retirons-nous maintenant. J'ai soif de grand air et de probité. (*Il sort avec d'Oberval.*)

SCÈNE IV.

GUNHBI, *seul, puis* LE CHEVALIER DE MONGE.

GUNHBI, *resté seul*. Pas oun mot de remerciment !... Et ze me souis saigné per loui !... Z'ai donné près de la moitié de ce que z'avais en caisse !... obligez donc les zens !... (*Avec un soupir.*) Ah ! Dio de David, que l'humanité il est donc inzouste ! (*Allant fermer sa porte.*) Il ne faut plous qu'elle entre, l'houmanité. (*Neuf heures sonnent au loin.*) Neuf heures ! c'est l'heure où elle est la plous particoulièrement désagréable et malfaisante !... (*Regardant sa porte.*) Que ze fasse jamais oune bonne affaire, et je fais mettre là, derrière cette porte, oune bonne grille !... deux grilles !... des grilles partout !... Ah ! bestia ! tu avais là tantôt sous la main un officier !... il fallait donc loui dire : Trois mille francs pour la commission et deux gendarmes à domicile... pour garder le pauvre Gunhbi ! Enfin !... (*Revenant s'asseoir.*) E finita la journée ! Faisons nos comptes ! Pas besoin de lumière ! (*Se frappant le front.*) Le grand livre, il est là. (*Il va souffler sa lampe: on frappe au dehors.*) On a frappé ! (*Même bruit.*) Il y a quelqu'un ! (*Il va au bureau et serre les bons du Trésor.*) Ceci en soureté. (*Même bruit.*)

DE MONGE, *au dehors*. Ouvrez, ouvrez !...

GUNHBI. Il est trop tard. Passez votre chemin.

DE MONGE, *même jeu*. Vous ne me reconnaissez donc pas. C'est moi, de Monge ?

GUNHBI. Vous !... à pareille heure !

DE MONGE. N'importe. Il faut absolument que je vous parle.

GUNHBI. Il veut encore de l'argent pour aller dans quelque tripot !... Ah ! celui-là, zé peux loui dire son fait, au moins !...

DE MONGE. Ouvrez donc. Vous vous repentirez de m'avoir fait attendre.

GUNHBI. Vous l'aurez voulu !... (*Il ouvre sa porte. Entre de Monge.*)

DE MONGE. Enfin !

GUNHBI. Oui, entrez, entrez, je le veux bien !... Ah ! vous venez chez oun honnête homme que vous avez laissé sasser de chez vous comme oun voleur...

DE MONGE. Je ne sais ce que vous voulez dire.

GUNHBI. Si vous croyez me tirer oun liard, vous vous trompez !... Non ! quand vous me donneriez en gaze l'âme de votre père, ze n'ai plous d'argent pour vous !... Ze n'en ai plous ! (*Il passe au n° 2.*)

DE MONGE. Moi ! vous demander de l'argent, Gunhbi : allons donc ! je vous en apporte.

GUNHBI. Vous ! Dio de mes pères ! ze le verrais de mes yeux, ze le toucherais de mes doigts, que ze ne le croirais pas !

DE MONGE. Mettez vos lunettes, bon et digne usurier, vous allez avoir le mirifique spectacle d'une somme énorme, mise à votre disposition par le plus ingrat et le plus fou de tous vos débiteurs.

GUNHBI. Zé ne souis pas en houmeur de plaisanter, citoyen.

DE MONGE. J'ai l'air d'avoir perdu la raison, n'est-ce pas ? Tiens, tu m'insulterais, drôle, que je ne sais pas si je prendrais souci de te cravacher. C'est que je suis ivre de bonheur et d'impatience. Encore quelques instants, vois-tu, et j'aurai racheté de tes mains mon patrimoine et mon honneur! (*Tirant un portefeuille et posant sur la table un paquet de billets de banque.*) Regarde, Gunhbi : es-tu convaincu maintenant?

GUNHBI, *regardant*. Des billets de banque!... et tout neufs... (*Les touchant.*) Blancs comme la blanche fille du patriarche Laban, soyeux et satinés comme l'épaule de Bethsabée qui induisit le saint roi David en tentation... et marqués des sceaux respectables de la loi comme le livre de l'Apocalypse !

DE MONGE. Allons ! laisse là tes litanies !... rends-moi ces titres que je t'ai si follement signés !

GUNHBI. Tout cela pour moi ?

DE MONGE. Prends et compte. Ce sont d'abord des billets de mille francs, il doit y en avoir 250, — puis des billets de 10,000, il y en a vingt. Le reste est en billets de 500 francs.

GUNHBI. Il en faut trois cents. (*En extase devant le paquet.*) Ah ! le beau livre ! le beau livre !

DE MONGE. N'est-ce pas ?

GUNHBI. Mais d'où vous est-elle tombée, cette manne céleste?

DE MONGE. Tu veux savoir!... tu t'inquiètes peut-être !... Tu ne crois pas aux miracles ! je n'y croyais pas non plus... et cependant, c'est vrai: un homme, un ami, un maître, si tu veux, est venu à moi et m'a dit : Puise à pleines mains dans ma fortune et va payer ta rançon. Que veux-tu ?... tu t'imagines que tous sont comme toi et que l'on doit laisser mourir de honte un gentilhomme pour ne pas toucher à ce misérable trésor...

GUNHBI. Ah ! ce n'est pas un pauvre homme comme moi à qui l'on ferait un pareil cadeau !...

DE MONGE. Hâte-toi, te dis-je. Tu ne vois pas que la fièvre me dévore !... que je n'ai qu'une pensée, sortir de cet antre maudit où tu m'as dépouillé et rentrer dans la maison de mes pères, le front haut et le cœur régénéré. Paye-toi !...

GUNHBI. Tant pis pour vous, si vous êtes pressé... mais ze vais compter... ce n'est pas ounc fatigue, Dio santo !... c'est oun plaisir...

DE MONGE. Fais...

GUNHBI, *allant au bureau*. Donnant donnant! (*Rapportant une liasse de papiers.*) Voici vos titres, Eccellenza... comptez aussi.

DE MONGE. A quoi bon et pour qui me prends-tu, mécréant ? (*Il met les papiers dans sa poche.*)

GUNHBI. Que vous êtes bien toujours le même, citoyen chevalier ! (*Prenant les billets.*) Ma... moi aussi... ze n'ai pas zanzé... Je compte... D'abord les billets de mille... Diavolo ! ils sortiraient de la presse qu'ils ne seraient pas plous boumides.

DE MONGE, *riant*. Qui sait ? leur premier maître était peut-être comme vous, et il gardait son argent dans sa cave !

GUNHBI, *qui a compté en mouillant son pouce, à mesure qu'il compte et retourne chaque billet*. Et dix...

DE MONGE. Faut-il vous venir en aide ?

GUNHBI. Non !... non !... moi seul !... Ils finiront bien par se détacer, les mignons. (*Même jeu du pouce mouillé à chaque billet.*) Et de 20! (*A de Monge, qui touche aux billets.*) Ne touçez pas, signor, ça me connaît. (*Comptant.*) 21, 22, 23... (*Plus lentement.*) 24, 25...

DE MONGE. Vous vous fatiguez !... Nous y passerons la nuit...

GUNHBI. Perché no !... c'est là mes amours à moi, povero ! (*Il baise le paquet de billets.*) 26, 27... vingt... (*Il s'arrête.*)

DE MONGE. Allons, ne vous endormez pas devant votre passion, vieil amoureux...

GUNHBI. E vero ! mes yeux se troublent ! (*Comptant encore, mais avec peine de plus en plus.*) 28... 29... (*Poussant un profond soupir.*) Ah !

DE MONGE. Qu'avez-vous, Gunhbi ?

GUNHBI. Rien... rien... les billets !... les billets !... encore compter !... Ah ! je souffre bien !... (*Portant la main à sa gorge.*) La gorge, le cœur !... J'ai du feu là ! De l'eau !...

DE MONGE, *épouvanté*. Mais il pâlit... il frissonne !... et cette sueur qui mouille ses tempes... Samuel, parlez-moi !... répondez-moi ?... qu'avez-vous ?...

GUNHBI, *s'affaissant*. C'est vous qui m'avez tué !...

DE MONGE. Moi ? Mais votre raison s'égare ! c'est du délire !...

GUNHBI. Dieu ne punira !... assassin !... sois maudit !... (*Il roule par terre, à demi mort.*)

DE MONGE, *appelant et allant à la porte du fond*. A moi !... à moi !... du secours !...

(*Il ouvre la porte. Entre Baudry. Peu après entrent Hastyer et Saint-Christol.*)

SCÈNE V.

LES MÊMES, VINCENT BAUDRY, HASTYER, SAINT-CHRISTOL.

VINCENT BAUDRY, *apparaissant*. Hé sac à papier ! que se passe-t-il ?

DE MONGE. Je ne sais... je ne puis comprendre... regardez !...

VINCENT BAUDRY, *regardant Gunhbi et descendant au n° 1*. Déjà... (*Regardant les billets.*) Je comprends, moi.

DE MONGE. Je bénis le hasard qui vous envoie. Vous êtes médecin. Sauvez cet homme...

VINCENT BAUDRY. Mais...

DE MONGE. Il m'a appelé assassin. Je veux qu'il vive.

SAINT-CHRISTOL, *entrant*. Et moi, je veux qu'il meure !...

DE MONGE. Saint-Christol !...

SAINT-CHRISTOL. Oui, moi ton chef, ton maître, l'arbitre de ta volonté et ton sort, celui qui a reçu ton serment d'obéissance.

DE MONGE. Mais je n'ai pas juré l'assassinat !

SAINT-CHRISTOL. Et que viens-tu donc de faire ? Tu n'as donc pas compris que c'étaient là de faux billets de banque et qu'ils étaient empoisonnés ?

DE MONGE. Infamie ! laissez-moi partir !... laissez-moi !

SAINT-CHRISTOL. Il est trop tard !

GUNHBI, *essayant de se relever*. A moi !... à moi !... par pitié !...

DE MONGE, *s'élançant vers Gunhbi*. Ah ! vous ne m'empêcherez pas de le sauver !

SAINT-CHRISTOL, *tendant un poignard à Hastyer.* A toi cet homme, Compagnon! (*Hastyer prend le poignard et frappe Gunhbi, qui retombe mort en poussant un cri.*) Prends exemple : voilà l'obéissance que je veux. Le jour où tu oserais encore t'y soustraire, je te le jure aussi, tu serais perdu !

(*Tableau.*)

QUATRIÈME ACTE

Chez d'Oberval : un salon. Au fond, fenêtre praticable; portes latérales; table, siéges, etc.

SCÈNE PREMIÈRE.

D'OBERVAL, SAINT-CHRISTOL, DIANE. *Les deux hommes sont assis. Diane est debout, une main sur le dossier du fauteuil de d'Oberval. Ils achèvent une conversation commencée.*

D'OBERVAL, *à Saint-Christol.* Votre démarche a de quoi me surprendre, monsieur. A quel titre me faites-vous l'honneur de vous présenter chez moi... et comment ai-je qualité pour vous promettre ou vous refuser la main de mademoiselle de Monge? C'est à son père qu'il fallait vous adresser.

SAINT-CHRISTOL. Ainsi ai-je fait, monsieur; mais M. de Monge m'a mis au fait de la situation et tout en m'accordant son aveu : Voyez monsieur d'Oberval, m'a-t-il dit. Ma fille refuserait un bonheur auquel il n'aurait pas consenti.

DIANE. On ne vous a pas trompé, monsieur. Les conseils de mon subrogé tuteur sont sacrés pour moi. Il représente à mes yeux... une volonté supérieure à toute autre, celle de ma mère. C'est lui qu'elle consultait dans ses jours d'abandon et de larmes. Je fais comme elle et chaque fois que je pleure ou que je crains, je viens à lui comme aujourd'hui et je lui dis : Défendez-moi... consolez-moi. (*Elle tend la main à d'Oberval.*)

SAINT-CHRISTOL, *un peu ironique.* Il faut rendre hommage à ces sentiments, mademoiselle, et c'est parce que je n'hésite pas à les partager que je suis venu.

D'OBERVAL. Puisque j'ai permis que mademoiselle de Monge, assistât à cet entretien, je pourrais lui laisser le soin de vous répondre; mais il y a toujours un moment où elle pourra le faire efficacement, devant le magistrat, par exemple. Aussi vous voudrez bien, monsieur, vous contenter de ma réponse.

SAINT-CHRISTOL. Faute de mieux, et jusqu'à nouvel ordre? Soit, monsieur.

D'OBERVAL. Eh bien, ce mariage est impossible. (*Il se lève.*)

SAINT-CHRISTOL, *souriant et se levant aussi.* Ah! s'il n'est qu'impossible, permettez-moi de ne pas désespérer !

D'OBERVAL. Vous m'avez mal compris, monsieur. J'ai voulu dire que je m'oppose à ce mariage.

SAINT-CHRISTOL. Vous avez donc de bien graves raisons?

D'OBERVAL. Il en est une qui me dispense des autres : c'est que, Dieu merci, le mari de mademoiselle de Monge est trouvé depuis longtemps.

SAINT-CHRISTOL. Son nom, je vous prie?

D'OBERVAL. Le colonel Maximilien.

SAINT-CHRISTOL, *dédaigneusement.* C'est bien cela... on m'avait prévenu : un officier de fortune, un roturier. Oh! pardon! Mais si vous avez déserté la noblesse, citoyen d'Oberval, M. de Monge lui est resté fidèle et mademoiselle Diane est trop bien née pour oublier ce qu'elle doit à son rang. Eh bien, voici l'émigration finie, on revient en France, et l'on y ramène le passé. C'est donc un devoir pour nous autres ci-devant, comme vous nous appelez, de nous rapprocher à tout prix, de ne former d'alliance que les uns avec les autres et de tenir impitoyablement à distance quiconque n'est ni de notre caste ni de notre croyance.

D'OBERVAL. Et moi, monsieur de Saint-Christol, je crois que, dans la France nouvelle, il faut que les rangs et les cœurs, tout se confonde : ce n'est pas la loi qui a fait l'égalité, c'est la nature.

SAINT-CHRISTOL. C'est bien, monsieur; mais veuillez vous rappeler que, lorsque je me suis marqué un but, j'y vais droit, sans que rien puisse m'arrêter... rien !

D'OBERVAL. Une menace !

SAINT-CHRISTOL. Un avertissement.

DIANE, *à Saint-Christol, intervenant et à mi-voix.* Prenez garde, monsieur! Vous ne vous rappelez donc plus où je vous ai vu pour la première fois!.. Je pourrais vous perdre avec un seul mot!..

D'OBERVAL, *qui a entendu.* Au nom du ciel, parlez, Diane, parlez sans crainte.

SAINT-CHRISTOL, *souriant.* C'est moi qui parlerai, si vous voulez bien... et l'histoire est des plus simples : mademoiselle de Monge revenait de Turin, je crois, et des maladroits ont arrêté sa voiture. Un inconnu s'est trouvé à point nommé pour la défendre... et elle me fait l'honneur de croire que c'était moi.. Eh bien, je ne m'en dédis pas...

DIANE. Ah! quelle audace!...

D'OBERVAL, *faisant passer Diane devant lui.* Je me souviens... Je comprends!.. Mais alors vous êtes..

SAINT-CHRISTOL. Un brigand, un Compagnon du Soleil... leur chef peut-être, tout ce qu'il vous plaira, cher monsieur. (*Mouvement de d'Oberval pour sortir.*) Vous voulez appeler : à quoi bon! Vous ne trouveriez pas un homme qui voulût porter la main sur moi. Et puis je suis venu librement, je n'ai pas d'armes ; enfin, monsieur, je suis votre hôte

D'OBERVAL. Retirez-vous du moins, monsieur, retirez-vous...

SAINT-CHRISTOL. Je suis le marquis de Saint-Christol... Vous finirez peut-être par comprendre que ma main vaut celle d'un officier de hasard... et vous, Diane de Monge, vous songerez que vous me devez la vie et que votre père me doit l'honneur. Je vous sais trop de fierté pour que cette double dette, vous ne l'acquittiez pas!

DIANE, *avec douleur.* Mon Dieu!

D'OBERVAL. Sortez, monsieur, sortez!.... et épargnez-moi la douleur de vous revoir jamais...

SAINT-CHRISTOL, *en sortant.* En effet, citoyen d'Oberval, je ne crois pas que vous deviez me revoir désormais. Adieu à vous, mais au revoir, Diane de Monge, au revoir. (*Il sort par le fond à gauche.*)

SCÈNE II.
DIANE, D'OBERVAL.

DIANE (*désolée, passant devant d'Oberval et allant à la porte par où vient de sortir Saint-Christol.*) Ah! cet homme! cet homme!...

D'OBERVAL. Ton père lui doit l'honneur : qu'a-t-il voulu dire?

DIANE. Rappelez-vous ce que vous m'avez dit vous même : « Les biens que t'avait laissés ta mère, ton père, qui en avait la garde, les a compromis, dissipés. » Et, en effet, dès mon retour, je devinai la misère autour de nous, la misère honteuse, celle qui vit de mensonges et d'affronts...

D'OBERVAL. C'est vrai ; et j'attendais avec angoisse le moment où il faudrait que ton malheureux père s'accusât de ta ruine devant toi.

DIANE. Eh bien, écoutez, un scrupule m'avait retenue et je ne vous l'avais pas dit. Mais hier, au moment où pour la première fois mon père consentait à ce que je vinsse vous visiter, il m'a dit : Prévenez monsieur d'Oberval que je tiens à sa disposition comme à la vôtre vos comptes de tutelle, et vous pouvez vous rassurer avec lui, a-t-il ajouté avec je ne sais quel mélange d'amertume et d'orgueil, il ne manque rien à votre fortune.

D'OBERVAL (*étonné*). Voilà qui est bien étrange...

DIANE. Et cet homme qui disait tout à l'heure avoir racheté son honneur... il est riche?

D'OBERVAL. La famille des Saint-Christol était une des plus opulentes de la province.

DIANE. Alors ne comprenez-vous pas comme moi qu'entre mon père et cet homme l'argent a tout fait... Il aura prêté, donné, que sais-je?... Mais je ne veux pas de ses bienfaits!... Mieux vaut la pauvreté!... Mon ami, vous le direz à mon père!...

D'OBERVAL. Dis-le-lui, toi, mon enfant : ta loyauté t'en donnera le droit.

DIANE. Non. Vous ne savez donc pas ce qu'est devenu mon père pour moi? Un indifférent, presque un étranger. Sa présence est rare, sa parole brève, son sourire ironique ou glacial. Je voudrais le retenir à mes côtés, dérider son front... entrer enfin dans ce cœur impénétrable où je dois avoir une place. Peine inutile : entre lui et moi s'interposent des fêtes bruyantes... ou bien, un isolement plein de tristesse et de rancune. Quand nous nous rencontrons, c'est à peine si nous échangeons quelques mots, et tenez, ce mariage même, dont l'idée seule me glace d'effroi, il n'y a fait encore que de rares allusions et il m'a fallu entendre cet homme pour comprendre que c'est à lui qu'on me destinait.....
Mais vous me défendrez, n'est-ce pas, mon ami? vous me protégerez?

D'OBERVAL. Oui, mon enfant, oui... et un autre avec moi..

DIANE *avec joie*. Un autre! lui, n'est-ce pas?... Maximilien!...

D'OBERVAL, *lui imposant silence, le doigt sur la bouche.* Chut!..

(*Entre Marceline. Elle porte des draps.*)

SCÈNE III.
LES MÊMES, MARCELINE, *venant du fond à droite.*

MARCELINE, *qui a entendu.* Allez, allez, citoyen, si la sournoise s'est arrangée de façon à venir vous rendre visite, c'est qu'elle savait bien quelle compagnie on trouverait chez vous.

D'OBERVAL. Toujours grondeuse, ma bonne Marceline...

MARCELINE. Grondeuse! c'est mon état. Seulement, comme la mignonne qui voilà ne me donne pas d'ouvrage, je m'utilise pour ne pas voler l'argent du papa. (*Montrant les draps.*) Vous voyez. Où est la chambre du beau colonel?

DIANE *avec joie, à d'Oberval.* Il va donc venir!

D'OBERVAL. Aujourd'hui, peut-être...

MARCELINE. Sûrement. Je vais mettre des draps à son lit. C'est pour ce soir..

D'OBERVAL. Grand merci de votre zèle, Marceline. Voici la chambre où couchera notre ami. (*Il lui désigne une porte à gauche.*) Mais appelez plutôt Patrice, mon nouveau valet, ou bien sa femme. Ce sont d'anciennes connaissances. Ils seront enchantés de vous épargner une fatigue.

MARCELINE. C'est cela. Dites tout de suite que je suis trop vieille... et plus bonne à rien.

DIANE *à d'Oberval.* Laissez-la faire, mon ami.

MARCELINE, *à Diane.* Vous? C'est la jalousie qui vous fait parler. Ah! vous seriez trop heureuse si je vous laissais m'aider à faire ce ménage-là!

D'OBERVAL *emmenant Diane.* La terrible gouvernante que vous aviez là, ma pauvre Diane!... Par bonheur, vous voilà majeure!... (*Il sort avec Diane, par le fond à droite. Marceline reste seule. Peu après entre Patrice, en grande tenue, en train de mettre des gants de coton blanc.*)

SCÈNE IV.
MARCELINE, *puis* PATRICE.

MARCELINE, *regardant sortir d'Oberval et Diane.* Et voilà comme on gâte les enfants!... Ah! de mon temps, ce n'était pas ça! Moi, par exemple, ma dernière fessée remonte à 1763, je courais sur mes dix-huit ans... Mais j'ai bien tourné aussi!... Aujourd'hui, le martinet c'est passé... Et voilà l'effet des révolutions! (*Entre Patrice.*)

PATRICE *entrant et regardant tout autour, premier plan à droite.* Tiens! Je croyais le citoyen d'Oberval dans ce salon...

MARCELINE. Qu'est-ce que vous lui voulez?

PATRICE. Tiens! c'te bêtise... (*Se montrant.* Ça ne se voit donc pas?

MARCELINE. J'ai bien autre chose à faire qu'à vous regarder.

PATRICE. Et ma femme, vous l'avez peut-être bien regardée au moins? Ah! vous ne pouvez pas dire qu'elle n'en vaut pas la peine, surtout maintenant.

MARCELINE. Pourquoi?

PATRICE, *d'un air confidentiel.* Parce que y a du nouveau. Il n'y a pas à dire, y a du nouveau.

MARCELINE. Il est fou!

PATRICE. Alors moi, j'ai pas perdu de temps. J'ai envoyé chercher le médecin, Vincent Baudry et j'ai-z-acheté les dragées. (*Il en tire un cornet.*) En voilà, c'est votre part. (*Tout en cherchant le cornet dans ses poches, il tire successivement un bonnet de coton, des mitaines et un fourreau de parapluie.*)

MARCELINE. C'est ça vos dragées... un bonnet de coton, des mitaines, un fourreau de parapluie!

PATRICE. Mais non... mais non: c'est pour la layette.

MARCELINE *stupéfiée.* La layette!

PATRICE. Dame! Vous savez, depuis que ce vieux gueux de Samuel Gunbbi m'a nettoyé, ce qui ne lui a pas porté bonheur, entre nous, eh bien, je fais comme je peux et tout ce qui me tombe sous la main, je le ramasse en disant: c'est pour l'enfant...

MARCELINE. Quel enfant?...

PATRICE. Mais celui que j'attends avec la plus vive impatience, parbleu! et dont auquel je venais demander au bourgeois de servir de parrain.

MARCELINE. On ne me fera jamais croire qu'un homme à qui j'ai mis, de ces deux mains-là, dix-sept cataplasmes il n'y a pas deux mois, ait été capable...

PATRICE. Ah! mais si!

MARCELINE. Tenez! taisez-vous!... vous devriez mourir de honte.

PATRICE. N'importe! (*Voulant sortir.*) Je rattrape le patron, et je lui dis mon cas.

MARCELINE, *lui barrant le passage.* Non pas. Vous allez prendre cette paire de draps, et vous irez faire le lit dans cette chambre. (*Elle la désigne.*)

PATRICE, *protestant.* Mais, dame Marceline...

MARCELINE. Allez! vous devriez rougir de perdre votre temps à des choses que je ne veux pas qualifier, pendant qu'une pauvre vieille femme est obligée de faire votre ouvrage. (*Lui mettant les draps sur les bras, et le faisant passer devant elle.*) Et que ça ne traîne pas! (*Elle sort par le fond à droite.*)

SCÈNE V.

PATRICE, *puis* PHILOMÈNE, *enfin,* VINCENT BAUDRY.

PATRICE, *regardant les draps, réfléchissant, puis tenté.* Des draps pour la chambre d'à côté; mais personne n'y couche! En voilà une idée!... Elle aura pris ça sous son bonnet, la vieille! Bien sûr! (*Tâtant les draps.*) Sont-ils beaux ces draps et blancs! et qui embaument! (*Il les flaire.*) — C'est pour une grande personne: pour un poupon, ça serait trop large... Eh bien, on les couperait... Ça en ferait plusieurs: tout profit... Faudra tout de même en acheter pour le petit!... Sacredié! sacredié! pourquoi ce scélérat de Gunbbi m'a-t-il nettoyé? — (*Tâtant encore les draps.*) Et de la vraie toile de Hollande encore!... Sans compter qu'on est père ou non! Moi, d'abord, je ne connais que ça... (*Allant vers la porte de gauche.*) — Allons faire ce lit... (*Ralentissant le pas.*) Bah! c'est pas si pressé que ça!... (*Regardant encore les draps.*) Il y aura toute une layette là dedans!...

(*Entre Philomène du fond droit et court à la fenêtre.*)

PHILOMÈNE *à Patrice.* Dis donc... voilà le docteur!... Si tu lui demandais son avis?

PATRICE *se récriant.* C'est bien pour cela que je l'ai fait venir. — Mais (*allant prendre sur la table un journal, et en enveloppant les draps*) en attendant emporte-moi ça: c'est pour l'enfant!...

PHILOMÈNE. Les draps du maître!

PATRICE. Mais je te donnerais jusqu'à ses chemises!...

(*Entre Vincent Baudry.*)

VINCENT BAUDRY. Qui est-ce qui est malade ici, sac à papier! qui est-ce qui se meurt encore?

PATRICE. Mourir? mais personne n'y songe, mon major: on est même bien portant pour deux.

VINCENT BAUDRY, *sans comprendre.* Que le diable t'emporte, imbécile! Pourquoi m'as-tu dérangé alors?

PATRICE. Je vas vous dire: c'est ma femme qui...

PHILOMÈNE *toute confuse.* Non... non... tu vas me faire rougir...

VINCENT BAUDRY, *qui cependant a déposé sa canne, etc.* Eh bien, j'écoute...

PATRICE, *bas à Philomène.* Ne crains rien... j'ai mon moyen... (*A part.*) Je vas tout lui dire... (*Regardant Vincent Baudry*) comme si c'était moi.

VINCENT BAUDRY, *à part.* Ah! si le maître ne m'avait pas dit: Surveillez la maison d'Oberval d'aujourd'hui à demain, comme je brûlerais la politesse à ce couple-là!

PATRICE, *s'approchant de Baudry.* Regardez-moi voir un peu, mon major. Ne trouvez-vous pas que j'ai la figure un peu tirée?...

VINCENT BAUDRY, *haussant les épaules.* Toi!... des joues en talons de bottes!...

PATRICE. C'est égal, je ne suis pas à mon aise, voyez-vous.

VINCENT BAUDRY. Et pourquoi?

PHILOMÈNE, *bas à Patrice qui va répondre.* Patrice... Patrice...

PATRICE, *bas à Philomène.* N'aie pas peur, c'est toujours de moi que je lui parle. (*Haut à Vincent Baudry.*) Et puis, vous ne croiriez pas, mon major.

VINCENT BAUDRY. Parleras-tu, nigaud?...

PATRICE *continue.* C'est qu'il n'y a pas que... il y a aussi...

VINCENT BAUDRY. Aussi quoi?...

PHILOMÈNE, *bas et retenant Patrice.* Je t'en prie...

PATRICE, *bas à Philomène.* Tu vois bien que je ne te nomme pas. (*Haut à Vincent Baudry et le prenant à l'écart.*) Dites donc encore, mon sérugien. (*A mi-voix.*) Donnez-moi donc une ordonnance... car vous comprenez...

VINCENT BAUDRY. Que je ne comprends rien du tout... Je ne sais qu'une chose, que tu es un fainéant...

PATRICE. Un fainéant... moi... elle!...

VINCENT BAUDRY. Allez tous deux aux cent mille diables !...

PHILOMÈNE. Mais tu ne lui as rien dit...

PATRICE. Comment ! je ne lui ai rien dit... Ce n'est pas ma faute si ce vétérinaire est un âne...

(Entrent Roger et Maximilien.)

SCÈNE VI.

LES MÊMES, ROGER, MAXIMILIEN.

ROGER, *entrant le premier*. Patrice, où est mon père, mon garçon?

PATRICE *se retournant au bruit*. Mon lieutenant... et son colonel?

VINCENT BAUDRY. Eux ici ! (*A part*.) Voilà un retour qui pourra nous gêner singulièrement cette nuit.

MAXIMILIEN *à Patrice*. Nous attendrons M. d'Oberval ici. Prévenez-le.

PATRICE. J'y vole, mon officier. (*A part en regardant Baudry*.) Toi ! si tu me soignes jamais !... (*Il sort par le fond à droite*.)

PHILOMÈNE *à Roger et à Maximilien*. Les citoyens n'ont besoin de rien ?

ROGER. De repos seulement, ma chère. Tu peux nous laisser. (*Philomène sort, emportant les draps par le fond à droite*.)

VINCENT BAUDRY, *s'approchant*. On dit que la quinzaine a été rude pour les troupes du Directoire ; les Compagnons du Soleil auraient même, dit-on, battu le général Lanne à Tarascon.

MAXIMILIEN. Dites qu'il a été trahi et vendu, lâchement vendu. Le soldat est loyal: il est habitué à chercher le danger en face de lui seulement, et faute de pouvoir vaincre, ses misérables ennemis l'ont massacré. Quiconque prétendrait le contraire en aurait menti!...

VINCENT BAUDRY, *abasourdi*. Excusez-moi, citoyen... je ne savais pas... je ne pouvais savoir... (*A part en sortant*.) Tu te laisseras bien aussi surprendre à ton tour, toi !

ROGER *à Vincent Baudry qui sort*. Rendez-moi donc un service, Vincent Baudry: vous êtes un savant médecin, je n'en disconviens pas — mais vous étiez autrefois un vétérinaire passable — voyez donc, en descendant, ce qu'a ma jument. Est-ce fatigue? est-ce accident? je ne sais; mais elle boite un peu.

VINCENT BAUDRY. Mais comment donc, lieutenant! avec plaisir. (*A part*.) Sac à papier! le voilà, le prétexte que je cherchais pour rester dans la maison!

ROGER *à Vincent Baudry*. N'allez pas me l'estropier au moins, ou je vous traite comme un Compagnon du Soleil: pris en flagrant délit: fusillé!

VINCENT BAUDRY, *faisant un bond*. Sac à papier ! pas de mauvaise plaisanterie !... Je ne quitte pas d'ici que la bête ne soit sur pied. (*Il sort par le fond à gauche*.)

SCÈNE VII.

MAXIMILIEN, ROGER, *puis* D'OBERVAL *et* DIANE.

MAXIMILIEN. Avez-vous remarqué le sourire méchant de cet homme en me rappelant la malheureuse affaire de Tarascon?

ROGER. Ma foi, non. Si Vincent Baudry a souri, c'est qu'il est de cette race de badauds pour qui tout est spectacle, depuis deux armées qui s'égorgent jusqu'à un chien qui se noie; moi je le tiens pour un imbécile et non pour un gredin.

MAXIMILIEN. C'est possible. Mais s'il n'est pas un des coupables que nous poursuivons, peut-être est-il de leurs complices. Il y en a partout. Tout d'abord je ne voulais pas le croire. Ces gens-là, me disais-je, ont un drapeau, une foi : eh bien, pas de supplices; mais des batailles. Je serai infatigable à lutter, mais loyal... Et vous le savez ! Je n'ai pas voulu ordonner une arrestation !... Hélas! l'illusion a cessé: ce n'est pas à une armée que j'ai affaire, mais à une association de malfaiteurs ! Tout se touche, depuis le guet-apens de Tarascon jusqu'à l'assassinat du malheureux juif d'Avignon ! Il ne faut plus vaincre, mais punir! Désormais tout change: je vais combattre ces bandits par leurs propres armes. Je soulèverai les masques, je fouillerai les hôtels... les châteaux, et je saurai ce que cachent ces noms tantôt sinistres, tantôt illustres, de Saint-Christol et de Trestaillon...

ROGER. Bravo, mon colonel : j'étais dans les hussards et vous me faites passer dans la gendarmerie... Qu'importe ! Je n'aurai pas changé de sabre ! C'est tout ce qu'il faut !

(*Entrent d'Oberval et Diane*.)

D'OBERVAL, *entrant*. Mais oui ! c'est bien eux !... Mes amis ! mes enfants ! (*Il leur tend les mains qu'ils serrent affectueusement*.)

ROGER. Cher père !...

DIANE, *un peu à l'écart*. Et moi?

MAXIMILIEN, *se retournant*. Diane ici !... Ah ! c'est trop de bonheur à la fois ! (*Il l'attire à lui*.)

D'OBERVAL *à Maximilien*. Et pour combien de temps?

MAXIMILIEN. Hélas! pour quelques heures seulement !... J'ai voulu venir vous redemander moi-même le dépôt qu'il y a un mois je vous ai confié.

D'OBERVAL. Ces cinquante mille francs en or.

MAXIMILIEN. Oui. Ce sont mes fonds secrets et je vais avoir besoin d'une police. Il faut que je la paye.

D'OBERVAL. La cassette est là, dans ma chambre, telle que je l'ai reçue.

MAXIMILIEN. Demain, au moment de partir, je prendrai la moitié de ce qu'elle contient.

DIANE, *à part avec tristesse*. Demain !...

D'OBERVAL, *qui a entendu Diane*. Pauvres enfants! (*A Roger*.) — Roger, ton bras.

ROGER. Mon père.

D'OBERVAL. Demande à ton colonel s'il veut bien se passer de toi un instant... j'ai à te parler !...

ROGER. Volontiers, mon père.

MAXIMILIEN. Mais... je... (*Tendant la main aux deux hommes*.) Chers cœurs ingénieux, vous m'avez donc deviné ?... Oui, je veux rester seul avec elle. (*Il désigne Diane.*) — Mais votre souvenir sera toujours entre elle et moi...

D'OBERVAL. A bientôt! (*Il sort avec Roger.*)

DIANE, *arrêtant d'Oberval qui sort*. Mais, mon ami...

D'OBERVAL, *souriant et la faisant passer à Maximilien*. Est-ce que cela ne vaut pas mieux qu'une promenade dans les bois?... Reste. (*Il sort.*)

SCÈNE VIII.
MAXIMILIEN, DIANE.
(*Diane se tient un peu à l'écart, confuse de ce que vient de lui dire d'Oberval.*)

MAXIMILIEN. Pourquoi ne vous approchez-vous pas, Diane?

DIANE. Autrefois mon ami Maximilien me disait: tu.

MAXIMILIEN. Eh bien, viens alors, toujours comme autrefois.

DIANE. Oui... oui... je suis si heureuse de te voir... plus heureuse que jamais.

MAXIMILIEN. Pourquoi?

DIANE. Ne m'interroge pas. Laisse-moi te dire seulement ce que j'attends de toi.

MAXIMILIEN. Tu sais bien que je t'appartiens tout entier.

DIANE. Ecoute, Je ne connais rien aux choses qui vous divisent toi et mon père; mais il est impossible qu'entre deux cœurs loyaux il n'y ait pas un point de contact, un rapprochement possible.

MAXIMILIEN. Quoi! tu voudrais...?

DIANE. Je veux que tu le voies, que tu lui parles, que la réconciliation se fasse entre vous, afin qu'il comprenne que s'il doit se séparer de moi, il n'y a que toi à qui il puisse me donner...

MAXIMILIEN. Il y en a donc un autre à qui tu es promise?

DIANE. Oui... et je pleure en te l'avouant.

MAXIMILIEN. Mais quel est-il? nomme-le-moi.

DIANE. Non, car ce serait peut-être une délation.

MAXIMILIEN. Je ne puis te comprendre.

DIANE. Si c'était un de ces hommes qui s'arrêtent devant un refus ou s'inclinent devant une douleur, je te le montrerais, je te dirais : Fais-lui savoir ma volonté, qui est la tienne, — parle-lui de mes larmes que tu vengerais, — mais non ; il est inflexible, il est audacieux... Rien ne lui résiste et je sais jusqu'où va sa puissance...

MAXIMILIEN. Diane, il faut tout me dire!... J'ai la force pour moi, j'ai la loi !...

DIANE. Oh! c'est justement ce qui me condamne au silence!... Je ne puis pas m'avilir en dénonçant même un ennemi!

MAXIMILIEN. Je t'adjure...

DIANE. Non! je puis me plaindre... mais accuser ! jamais !

MAXIMILIEN. Tu ne comprends donc pas que tu me déchires le cœur!

DIANE. Et moi aussi, je souffre bien, va!... Mais lorsque, à travers mes larmes je revois ton souvenir, le courage me revient avec l'espérance. N'est-ce pas que tu ne m'abandonneras pas?

MAXIMILIEN. Peux-tu le croire?

DIANE. Tu iras trouver mon père?

MAXIMILIEN. Oui, et tout ce que l'honneur me permettra, je le ferai.

DIANE. Bientôt?

MAXIMILIEN. Le temps d'en avoir fini avec les terribles devoirs qui me sont imposés. Une fois rendu à moi-même, je me présenterai à monsieur de Monge, et quel que soit le prix qu'il mette à notre bonheur, je sacrifierai tout pour l'obtenir.

DIANE. Eh bien, je puis attendre. Je n'ai plus peur maintenant.

(*Entre Marceline, un bougeoir à la main. Le jour commence à baisser.*)

SCÈNE IX.
LES MÊMES, MARCELINE, *entrant du fond*.

MARCELINE, *entre sur la fin de la scène et regarde sans bouger*. Eh bien, on n'a donc plus le moindre égard pour moi, méchants enfants?

MAXIMILIEN, *se retournant*. Vous, Marceline?

MARCELINE. Ah! c'est qu'on ne m'échappe pas, à moi! Allons, venez souper.

DIANE. On t'envoie nous chercher, ma bonne?

MARCELINE. Je n'ai pas besoin qu'on m'envoie : je sais ce que j'ai à faire, Dieu merci. — La table est mise.

MAXIMILIEN. Merci. Il n'y a pas une heure, nous avons fait un repas en route.

MARCELINE. Voilà, voilà, pour vous abîmer l'estomac, comme M. Roger. Il en a répondu autant et est allé se coucher (*désignant la droite*) par là, je crois.

MAXIMILIEN. Je sais où est sa chambre. Et monsieur d'Oberval ?

MARCELINE. Rentré aussi chez lui où il repose sur son canapé.

MAXIMILIEN. Gardons-nous de le déranger. Je rentre aussi chez moi : toujours au même endroit ?

MARCELINE. Toujours. (*Montrant la porte.*) Regardez. Et j'ose dire que si votre lit est fait, c'est encore grâce à moi.

MAXIMILIEN. Séparons-nous donc, ma chère Diane, et allons demander au sommeil quelque rêve qui nous prépare aux joies de la réalité.

DIANE. A demain, et soyez sûr que votre pensée me suivra jusque dans ma prière. (*Elle lui tend la main.*)

MARCELINE. On s'embrassait de mon temps en se disant bonsoir. (*Hésitation des jeunes gens.*) — C'est bon : je ne regarde pas, je ne vois rien, je ne sais rien. (*Ils s'embrassent.* — *Elle reprend durement :*) Marchez devant moi, mademoiselle. (*Diane passe en faisant à Maximilien un signe d'adieu, et elle sort avec Marceline par le fond à droite.*)

SCÈNE X.
MAXIMILIEN *seul*.
(*Il fait nuit.*)

Elle emporte un peu d'espérance, tandis que moi !... Ah! la réconciliation sera difficile entre monsieur de Monge et moi ! Et puis quel est ce rival qu'elle craint de dénoncer rien qu'en me le nommant? Il y a là un mystère qui m'inquiète !... Enfin, allons donner à notre corps le repos refusé à notre âme. (S'éloignant.) Je me sens brisé de fatigue ! (Près de sa porte.) Oui, c'est bien là ma chambre. (S'arrêtant.) Salut, porte hospitalière et puissé-je laisser mes peines à ton seuil ! (Il ouvre, entre et referme.)

(Entre, peu après, Vincent Baudry, venant de droite. Il approche à pas de loup.)

SCÈNE XI.
VINCENT BAUDRY, puis HASTYER, DE MAUGE, SAINT-CHRISTOL.

(*Vincent Baudry va à la fenêtre et l'ouvre. Du dehors on lui jette une échelle de corde dont il attache l'extrémité à la barre du balcon. Peu après montent Hastyer, puis de Monge, puis Saint-Christol.*)

HASTYER entrant, bas à Baudry. Rien à craindre ?

VINCENT BAUDRY, même jeu. Rien. Tout dort.

(*Hastyer retourne à la fenêtre, fait un signe. De Monge monte.*)

DE MONGE. Où me conduisez-vous? (*Saint-Christol monte à son tour.*)

SAINT-CHRISTOL. A la porte de celui qu'il faut frapper. C'est votre ennemi, c'est le mien. Ce matin encore il m'a insulté. Vous vous vengez en nous servant.

DE MONGE. Mais il fallait me laisser le provoquer !

HASTYER. Tu sais, chevalier, tu as failli tout gâter chez le juif... Prends garde !...

DE MONGE. Eh bien, soit : je frapperai, puisque j'en ai fait le serment !... mais le voler... vous ne l'exigerez pas !

SAINT-CHRISTOL. Si nous n'avons pas cet argent aujourd'hui, demain il servira à payer les traîtres qui nous dénonceront. Voyons, hâtons-nous !

HASTYER. Est-ce que tu vas trahir aussi ?...

DE MONGE. Trahir ! moi !... (*Prenant un poignard dans la main de Saint-Christol.*) Donnez !

SAINT-CHRISTOL. Nous sommes là, au bas de cette fenêtre, — prêts à vous aider, mais à vous punir, s'il le fallait. (*Il regagne la fenêtre et disparaît avec les trois autres.*)

SCÈNE XII.
DE MONGE, puis MAXIMILIEN, D'OBERVAL.

DE MONGE : *resté seul, il s'arrête, fait quelques pas, s'arrête encore avec tous les signes d'une hésitation poignante ; puis il s'écrie :*
Oui, je le hais, cet homme, je le hais !...
Et puis ! j'ai juré d'obéir ! (*Il entre dans la chambre de d'Oberval, le poignard levé.*)

MAXIMILIEN, *sortant de sa chambre.* Conçoit-on ? l'oubli est étrange !... Je comptais sur une nuit de repos... et pas de draps à mon lit !... Voilà qui est pénible pour un soldat qui, depuis plus d'une semaine, n'a pour dormir qu'une botte de paille ou son manteau ! Appeler... à quoi bon ?... (*Désignant la droite.*) J'ai là mon ami Roger qui ne me refusera pas l'hospitalité. (*Il traverse la scène pour passer à la droite, et s'orientant dans l'obscurité.*) — Quelle est donc la porte qui mène chez lui ? (*Il la trouve.*) Ah ! celle-ci !... (*Il sort.*)

(*Au dehors, le bruit d'une lutte, — quelques cris étouffés, — puis de Monge rentrant du côté par où il était sorti. Il tient une cassette d'une main. — Quelque désordre dans les vêtements, l'air effaré, la marche chancelante.*)

DE MONGE. Saint-Christol !... Hastyer !... où êtes-vous ? (*Il cherche la fenêtre, affolé, se heurtant aux meubles.*)

MAXIMILIEN, *rentrant.* Quel est donc ce bruit !... (*Il regarde autour de lui.*) Il me semblait avoir entendu.

DE MONGE, *apercevant Maximilien.* Quelqu'un !... Je suis perdu !... (*Il court à la fenêtre.*)

MAXIMILIEN, *qui a aperçu de Monge.* Un homme qui s'enfuit !... (*De Monge a enjambé la fenêtre, et descend par l'échelle de corde. D'une main il se retient à la barre du balcon.*) Ah ! malheur à toi, bandit ! (*Il tire son sabre et frappe. La main de de Monge est coupée et tombe sur la scène. Il pousse un cri et disparaît. Au même moment entre d'Oberval, se traînant à peine, et couvert de sang, suivi de près par Roger tenant un flambeau qui éclaire cette scène.*)

DE MONGE, *disparaissant.* Ah !

D'OBERVAL, *tombant et mourant.* A moi !... à moi !... La cassette, le dépôt.

MAXIMILIEN, *se penchant vers lui.* Mon ami, qu'avez-vous ? au nom du ciel ! parlez, répondez !... (*Penché sur d'Oberval.*) Blessé ! mort peut-être !... Et j'ai laissé échapper l'assassin !... Ah ! je le retrouverai, j'en fais le serment ! (*Allant à la fenêtre.*) C'est par cette fenêtre qu'il a fui... J'irai... En. (*En se dirigeant vers la fenêtre, il heurte la main tombée à terre.*) Qu'est ceci !... (*Il se penche, et aperçoit la main.*) Une main ! Une main sanglante et toute frémissante encore ! Celle de l'assassin !... (*Reculant.*) Horreur ! horreur !...

(*Tableau.*)

CINQUIÈME ACTE

Chez de Monge : un salon. Portes au fond donnant sur une galerie. — Portes latérales. Table avec écritoire, plumes et papiers ; sièges, etc.

SCÈNE PREMIÈRE.

SAINT-CHRISTOL, puis HASTYER, PREMIER COMPAGNON, DEUXIÈME COMPAGNON, personnage muet, — UN LAQUAIS.

Au lever du rideau, Saint-Christol est assis, absorbé dans ses réflexions.

SAINT-CHRISTOL, *seul, assis à la table à gauche.* Ah ! ce mariage ! ce mariage !... Dire que moi, le paria, le maudit, le galérien, moi que les hommes avaient, comme ils disent, rejeté de la société, je vais dans quelques heures y rentrer la tête haute, paré d'un titre, et conduit par une fille de noble race à qui respects et hommage, tout est dû !... Et ces honneurs-là, tu en auras ta part, Trestaillon !... Quel rêve ! quel triomphe ! (*Entrent Hastyer et les Compagnons. Le laquais précède.*)

HASTYER, *au laquais.* Inutile de nous annoncer, mon garçon : nous sommes de la maison, ces messieurs et moi. Va, va. (*Le laquais sort.*)

SAINT-CHRISTOL, *se retournant.* C'est vous !

HASTYER. Qu' diable veux-tu que ce soit ? — Est-ce que nous ne sommes pas de droit invités à la fête ?

SAINT-CHRISTOL. Je vous attendais.

HASTYER, *continuant.* Seulement, dis-nous, est-ce que ça tient toujours ?

SAINT-CHRISTOL. Quoi ?

HASTYER. Ton mariage.

SAINT-CHRISTOL. Pourquoi ce doute ? J'ai la parole du chevalier

HASTYER, *d'un air de doute.* Sa parole ! sa parole !

SAINT-CHRISTOL. Hé bien ?

HASTYER. Mon cher, plus je vis dans la bonne compagnie, plus je me convaincs que c'est absolument comme dans la mauvaise. Une parole d'honneur... la belle avance !

SAINT-CHRISTOL. Le contrat se signe dans une heure.

HASTYER. Alors, je me rassure un peu... et j'en avais besoin.

SAINT-CHRISTOL. Pourquoi ?

HASTYER. Demande aux Compagnons que voilà quel accueil on nous a fait de ton hôtel ici.

PREMIER COMPAGNON. C'est vrai : si nous n'avions pas vigoureusement enlevé nos chevaux, je crois qu'on aurait fini par nous jeter des pierres.

SAINT-CHRISTOL. Allons donc !

HASTYER. Ce bon peuple d'Avignon, à qui depuis deux ans nous prodiguons les spectacles les plus variés, ne nous a pas la moindre reconnaissance. On m'a traité de chouan, moi, Hastyer !...

SAINT-CHRISTOL. Rassurez-vous : cette maison d'abord est pour nous comme un lieu d'asile.

HASTYER. Soit ; mais alors que le maître, que ton chevalier de Monge sorte et se montre !

SAINT-CHRISTOL. Était-ce possible après ce qui s'est passé ?

HASTYER. Ah oui ! le coup de sabre chez d'Oberval ! Mieux aurait valu une tête coupée que cette satanée main !

SAINT-CHRISTOL. Est-ce qu'on se douterait... ?

HASTYER. Pas encore ; mais voilà : ces badauds aimaient leur chevalier. Ça leur plaisait qu'il les éclaboussât avec son grand carrosse. C'était l'amusette, la curiosité d'Avignon, quoi ! — Et, depuis un mois, plus personne. Dame, ils s'inquiètent. Les Compagnons du Soleil le tiennent sous clef, vous disent-ils gravement. — Tu hausses les épaules, Saint-Christol : eh bien, attends-toi, si ça dure, à ce qu'on vienne te le mettre en réquisition, ton manchot de beau-père... et gendarmerie en tête par-dessus le marché.

SAINT-CHRISTOL. C'est bon : on essayera de vous le montrer aujourd'hui même.

HASTYER. Tant mieux si ça suffit. Mais vois-tu, camarade, tu veux tailler dans le grand et tu gâtes la besogne. Le jour où nous laisserions passer le bout de l'oreille, nous pourrions faire notre paquet. Va, va, tu épouses une ci-devant, moi, je jure ma p'tite pa...ole panachée et Tête-Plate avec Soiffard que voilà, (*il montre les deux Compagnons*) ont tantôt lavé leurs mains et mis du linge... mais nous ne serons jamais, tous tant que nous sommes, que des gentilshommes de grand chemin...

SAINT-CHRISTOL, *perdant patience.* Assez. Je vous avais donné des ordres. Avez-vous obéi ?

HASTYER. Je sais ; c'est du Maximilien qu'il s'agit.

SAINT-CHRISTOL. Oui.

PREMIER COMPAGNON. Ah ! pour celui-là, inutile qu'on nous le recommande ! S'il passe jamais à portée de ma balle ou de mon couteau...

HASTYER. Le malheur est qu'il ne passe pas, surtout seul.

SAINT-CHRISTOL, *s'animant.* Et il vit, vous le laissez vivre, lui, notre ennemi le plus acharné, le plus dangereux !... Et s'il se présentait tout à l'heure, quand se signera ce contrat ? Quel prodige faudrait-il faire encre pour empêcher, pour neutraliser son influence ?... Que vous importe à vous, pourvu que vous puissiez tuer et voler impunément ?... Mais c'est à moi que vous le devez, brutes, et c'est quand je m'épuise à assurer votre salut, que vous venez me jeter à la face vos soupçons et vos craintes !... Vous n'êtes bons qu'à aller attendre les gens au coin des bois, vous dis-je, et si tu t'y fais prendre, Hastyer, tu retourneras où je t'ai connu : c'est tout ce que tu vaux.

HASTYER, *menaçant.* Trestaillon !

SAINT-CHRISTOL, *tirant un pistolet de sa poche.* Encore ce nom qui sort de ta bouche. Voilà qui l'y fera rentrer pour l'éternité ! (*Il marche sur Hastyer qui recule, ainsi que les deux Compagnons.*)

(*Entre Vincent Baudry.*)

SCÈNE II.

LES MÊMES, VINCENT BAUDRY.

VINCENT BAUDRY, *de la porte.* Sac à papier ! ne tirez pas !

SAINT-CHRISTOL. Il faut en finir.

VINCENT BAUDRY. Remettez ça à un autre moment, vous dis-je. Je suis totalement désintéressé dans la question ; mais j'ai là (*il désigne la porte d'où il sort*) mon malade qui dort et à qui un réveil en sursaut serait nuisible. Si vous ne lui laissez pas faire sa grasse matinée, impossible qu'il se lève tout à l'heure pour la cérémonie.

SAINT-CHRISTOL. Il viendra ?

VINCENT BAUDRY. C'est convenu.

SAINT-CHRISTOL, *comme soulagé.* Merci, Vincent Baudry.

VINCENT BAUDRY. Et il y a de quoi, sac à papier ! Jugez donc : hémorrhagie à arrêter, artère et veines à nouer, chairs à recoudre, toutes les herbes de la Saint-Jean ! — Par bonheur, j'étais là... — Ah ! je ne le regrette pas ! Au contraire, rien que pour avoir ce cas-là, je me serais fait chirurgien !...

SAINT-CHRISTOL, *l'interrompant.* Parlez-moi du chevalier.

VINCENT BAUDRY. Il en sera quitte pour écrire de la main gauche, — ce à quoi, du reste, il exerce, selon vos intentions, monsieur le marquis. — Tout à l'heure il se plaignait. Comment! lui ai-je dit ; vous faites des bâtons ; mais ça vous rajeunit !

SAINT-CHRISTOL. Alors il pourra signer ?

VINCENT BAUDRY. Oui ; vous n'allez pas lui demander d'ouvrir le bal, sac à papier ! — Tout ce qu'il pourra faire, après l'ébranlement qu'a subi sa pauvre carcasse, ce sera de venir s'asseoir là, dans un bon fauteuil, que vous lui tiendrez prêt, en gendre respectueux. Moi, je ferai mon métier de valet de chambre jusqu'au bout : j'ai pansé, veillé, soigné le malauroit, n'est-ce pas ? — Je lui ai retourné ses matelas et servi ses potages, de crainte des indiscrets. Eh bien, le grand moment venu, je vous l'amènerai empaqueté, coiffé et rasé de frais !... Parbleu, sous cet adorable ancien régime que nous défendons, marquis, est-ce que chirurgien et barbier, ça ne faisait pas qu'un ?

SAINT-CHRISTOL. C'est bien. (*A Hastyer et aux deux autres.*) Prenez exemple, vous autres : voilà comme il faut obéir.

VINCENT BAUDRY, *se rengorgeant et passant à eux.* Ah ! ah ! ce n'est pas à moi que l'on parle le pistolet sur la gorge.

(*Entre Marceline.*)

HASTYER, *qui a vu entrer Marceline.* C'est bon. Assez de compliments comme ça, marchand de remèdes ; nous ne sommes plus seuls.

SCÈNE III.

LES MÊMES, MARCELINE, *par le fond, au milieu.*

SAINT-CHRISTOL, *remontant vers Marceline.* Qu'est-ce que vous nous voulez, ma bonne Marceline ?

MARCELINE, *bourrue.* Moi ? Rien... — Mais c'est mademoiselle de Monge qui, en apprenant que vous étiez à l'hôtel, a voulu vous parler.

SAINT-CHRISTOL. Hâtez-vous de lui dire que je suis tout à ses ordres.

MARCELINE, *secouant la tête.* Me hâter ! me hâter ! Je n'ai pas seize ans, moi !... Et puis, elle n'aura que trop le temps de causer avec vous, la pauvre fille...

VINCENT BAUDRY, *à part, regardant Marceline.* Toujours aimable !...

MARCELINE, *continuant.* Enfin, je vais la prévenir ; puisque je suis payée pour obéir ; mais c'est égal, monsieur le marquis, le jour où c'est vous qui tiendrez la bourse, ce n'est pas moi qui tendrai la main...

SAINT-CHRISTOL. Allez !... allez !...

MARCELINE. Oui, j'y vais ; mais c'est égal : ce n'est pas encore vous qui m'épouseriez de force, toute vieille que je suis... (*Elle sort.*)

SAINT-CHRISTOL, *à Hastyer, Baudry et aux Compagnons.* Vous, retirez-vous. Nous touchons au moment décisif. Soyez prudents et laissez-moi faire.

(*Il les congédie du geste.*)

HASTYER, *aux deux Compagnons.* Allons, messieurs, un tour dans les salons...

VINCENT BAUDRY, *à Hastyer.* Et si vous trouvez compagnie, évitez de vous tromper de poche, sac à papier ! (*Hastyer et les deux Compagnons sortent en haussant les épaules. Vincent Baudry revient à Saint-Christol et reprend.*) — Je m'en vais aussi : la petite a la rage de vouloir des nouvelles ; mais un tête-à-tête avant la noce ! mes compliments, monsieur le marquis, mes compliments ! (*Il salue ironiquement Saint-Christol et sort aussi par le fond. — Peu après, entre Diane.*)

SCÈNE IV.

SAINT-CHRISTOL *seul, puis* DIANE.

SAINT-CHRISTOL, *seul.* Elle veut me parler : que peut-elle avoir à me dire ? Quelque hésitation encore ! quelque scrupule !... Elle a promis pourtant, et puis, je suis prêt à tout. (*Voyant entrer Diane.*) Allons, plus qu'une heure à prier cette belle idole : après quoi, s'il le faut, je la briserai !... (*Diane est entrée sur les derniers mots. — Saint-Christol se retourne et reprend.*) Vous ! mademoiselle ! me faire demander si je veux vous entendre !... mais les rôles sont renversés : c'est à vous de commander ici, et nous n'avons tous qu'à obéir.

DIANE, *froidement.* J'aime à vous l'entendre dire, monsieur. Il me semble, en effet, que, depuis quelque temps, je suis moins chez moi dans cette maison et qu'elle est tout entière à vous et à vos amis.

SAINT-CHRISTOL. Pardonnez-nous nos assiduités en faveur de notre dévouement. Je serai tout le premier...

DIANE. *l'interrompant.* J'ai grand besoin de protection, c'est vrai : tous ceux sur qui je pensais pouvoir compter m'ont été repris, mon père par la maladie, mon tuteur par la mort... mon ami d'enfance, par l'accomplissement de devoirs rigoureux. Si bien qu'il ne me reste plus que vous, monsieur, à qui je puisse me confier, et voilà pourquoi je suis ici. (*Elle descend vers la table, à droite. Saint-Christol à gauche. — La table est entre eux deux.*)

SAINT-CHRISTOL. Mais alors je bénis l'occasion...

DIANE, *l'interrompant encore.* Vous me comprenez mal, monsieur. Et cependant, si vous me regardiez bien, vous verriez combien il vous serait facile de nous épargner à l'un une douleur, à l'autre une honte.

SAINT-CHRISTOL, *la regardant.* Vous êtes toujours admirablement belle. (*Il veut lui baiser la main.* — *Elle la retire.*)

DIANE. Écoutez-moi alors. Vous avez demandé ma main à mon père, monsieur le marquis de Saint-Christol, et il vous l'a accordée... Il m'a arraché mon consentement et je n'ai pu résister... et pourtant, je dois vous le dire : ce mariage est impossible ; il ne se fera pas...

SAINT-CHRISTOL, *ironiquement et se tournant vers la pendule.* Il ne vous reste plus que trois quarts d'heure à le croire, mademoiselle.

DIANE. Il suffit d'un instant pour ramener un honnête homme à la loyauté, pour fléchir son obstination, pour toucher sa pitié : eh bien, en cet instant suprême, je m'adresse à vous et je vous en conjure : quoi qu'on vous ait promis, monsieur, n'exigez rien !

SAINT-CHRISTOL. Ah ! mademoiselle de Monge, que vous me faites payer cher le bonheur qui m'est dû !...

DIANE, *s'animant.* Le bonheur ! Où le voyez-vous ? Est-ce dans l'orgueil de votre triomphe sur la pauvre créature que je suis ? Vous savez bien que je ne vous aime pas... que je ne puis pas vous aimer !

SAINT-CHRISTOL. Au moins, laisserez-vous mon amour, à moi, dissiper toutes ces chimères d'enfant.

DIANE. Il n'y a pas d'enfant ici ; il y a une femme qui a toute sa raison. Elle se sent sur le bord de je ne sais quel abîme, et elle veut échapper à la main qui l'y pousse... Et cette main, c'est la vôtre !...

SAINT-CHRISTOL. Décidément, Diane, vous me connaissez bien mal !

DIANE. Vous oubliez donc où je vous vis pour la première fois ? Au milieu des bandits !

SAINT-CHRISTOL. Vos souvenirs sont incomplets : si j'étais là, ce fut pour vous protéger. Cherchez, si bon vous semble, ce que signifiait ma présence en pareille compagnie et ce que valait mon pouvoir ce jour-là comme tant d'autres fois ; mais j'ai le droit d'en être fier, puisqu'il m'a permis de vous sauver.

DIANE. Il dit qu'il me protégeait !... et depuis qu'il est entré dans ma vie, ce sauveur, c'est la douleur, c'est la maladie, c'est la mort autour de moi !.. Mais qu'est-ce donc que ce pouvoir sinistre qui ne triomphe que sur des ruines ?... Il n'y a donc pour lui que les larmes et le sang ! il lui faut donc une dernière victime !

SAINT-CHRISTOL. Il lui faut une dernière conquête : vous, Diane de Monge.

DIANE. Vous m'aimez, disiez-vous. Eh bien, voyons, soit. Moi je vous hais. Mais n'importe, n'est-ce pas ? La haine se lasse. Vous en viendrez à bout : soit encore. Mais j'en aime un autre, comprenez bien ; je l'aime et de toutes les forces de mon être. Pour vous échapper, tenez, j'irais me jeter dans ses bras ; je lui dirais : Prends-moi, garde-moi... Ah ! vous souriez !... vous prétendiez m'aimer et vous n'êtes même pas jaloux !

SAINT-CHRISTOL. Ce serait vous faire injure. Qui dit jalousie dit défiance. Et je suis sûr de celle qui portera mon nom. Il y a plus : je sais vers qui s'en va ce pauvre cœur éperdu : Maximilien !... Mais, loin de condamner l'affection qui vous unit à lui, je serais le premier à lui dire : Venez dans ma maison, vous l'ami d'enfance, le frère aîné... Soyez entre les deux époux un intermédiaire, un juge, et apprenez-lui comment il y a place dans le cœur pour toutes les affections.

DIANE, *avec emportement.* Vous diriez cela à Maximilien, vous ?

SAINT-CHRISTOL. Oui, je vous le jure.

DIANE. Il vous tuerait !

SAINT-CHRISTOL. Prenez garde, Diane, il n'y a de danger que pour ceux qui me menacent !

DIANE, *devenant suppliante.* Oh ! vous l'épargnerez, lui !

SAINT-CHRISTOL. Et moi, est-ce que vous m'épargnez ?

DIANE. Eh bien, j'ai tort, je me trompe !... c'est la douleur qui m'égare !... Ayez pitié de moi !... Tenez, s'il le faut, pour que vous me laissiez aller, je renoncerai à tout, même à lui !... Je ne le verrai plus !... j'écarterai jusqu'à son souvenir !... Je renoncerai au monde !... Il y a quelques mois encore, je vivais dans un couvent : j'y rentrerai !... Vous n'entendrez plus parler de moi ! Ma liberté, mes biens, tout ce que je suis, tout ce que je possède, je vous le sacrifierai !... mais que je reste libre et que je puisse aller pleurer dans le silence et l'oubli mes souvenirs perdus et mes espérances brisées !...

SAINT-CHRISTOL. Diane !...

DIANE, *tout éplorée.* Je vous en conjure, voyez, à mains jointes, à deux genoux !...

SAINT-CHRISTOL, *froidement.* J'ai la promesse de M. le chevalier de Monge : il y a entre lui et moi un engagement sacré, et je sais que, dans sa famille, on a le respect de la foi jurée. Je puis donc me retirer, mademoiselle, je suis sûr qu'avant peu mon droit me ramènera à vos côtés. (*Il salue et sort, Diane reste seule, puis entrent Patrice et Philomène.*)

SCÈNE V.

DIANE, *puis* PATRICE ET PHILOMÈNE.

DIANE, *restée seule.* Oui ! j'ai promis !... Mais pourquoi ? comment ? Dieu, qui sait tout, n'ignore pas à quelle terrible lutte j'ai cédé le jour où cette promesse s'échappa de mes lèvres !... Mais il y a quelqu'un au moins qui peut m'en relever, c'est mon père qui, lui, me l'a arrachée ! Mon père, qui seul a su me fléchir et que je fléchirai à mon tour ! — Oui, c'est cela : le voir, lui parler, me jeter à ses pieds .. Il est là... (*Elle montre la porte*). Il m'écoutera... (*Elle va à la porte qui se trouve fermée.— Entrent Patrice et Philomène : celle-ci porte des assiettes, un verre, etc.*)

PATRICE, *marchant sur la pointe du pied, à Philomène qui le suit.* Doucement ! doucement ! peut être que nous pourrons voir quelque chose. (*Apercevant Diane*). Bernique ! la place est prise !

DIANE, *qui essaye toujours d'ouvrir.* Mais cette porte est fermée : qui donc s'est permis... ?

PATRICE, *s'approchant.* Je vas vous dire, mademoiselle Diane, c'est Vincent Baudry qui a la clef.

PHILOMÈNE, *s'approchant aussi.* Et qui donne toujours deux tours : c'est son habitude.

DIANE. Je le verrai ! je lui ordonnerai...

PATRICE, *achevant.* D'ouvrir, pas vrai ? Et que mademoiselle fera house ! Car enfin, comme je le disais à Philomène : si c'est rien que pour servir monsieur que je soye rentré dans la maison, je serais joliment volé : on ne me l'a jamais laissé voir.

PHILOMÈNE. Mais c'est bien plutôt à cause de mademoiselle que nous sommes revenus.

PATRICE. Tenez, mademoiselle, depuis quelques jours, votre père il mange, n'est-ce pas ? et voilà ma femme qui apporte son couvert : eh bien, je parie que ce cachotier de Baudry va encore lui prendre tout ça et lui fermer la porte au nez. (*Confidentiellement.*) C'est donc bien grave, ce qu'il a, m'sieur le chevalier ?

DIANE. Oui : le jour, le seul jour où l'on

m'admit auprès de lui, c'est un mourant qu'on me montra : il était là, pâle, défait, la parole haletante et fiévreuse, et disparaissant dans ce lit comme un cadavre sous son linceul... Ah! pourquoi ai-je consenti à m'éloigner? Je devais rester à son chevet! C'était ma place! c'était mon devoir et mon droit!

PHILOMÈNE, *essayant de la calmer et déposant son plateau sur la table.* Mademoiselle, ma chère demoiselle....

DIANE. J'ai été crédule, faible!... J'ai été lâche... et j'en suis punie! Mais que je souffre, mon Dieu, que, je souffre! (*A Philomène.*) Laissez-moi! laissez-moi! (*Elle passe à droite, n° 3.*) D'autres épreuves m'attendent encore, plus douloureuses peut-être; mais quoi qu'il arrive, j'ai tout mérité!... (*Elle sort désespérée par le fond latéral droit.*)

(*Patrice et Philomène restent seuls; puis entre Vincent Baudry.*)

SCÈNE VI.

PATRICE, PHILOMÈNE, *puis* VINCENT BAUDRY.

PHILOMÈNE, *suivant Diane des yeux.* Pauvre fille! Dirait-on qu'elle va à la noce?

PATRICE. C'est égal : ça doit être flatteur pour un père d'être pleuré comme ça, rien que parce qu'il est au lit!

PHILOMÈNE, *prêtant l'oreille.* Attends : je crois qu'il a bougé.

PATRICE. Pas si mourant que ça alors! Moi, d'abord, tant plus que je remue dans mon lit, tant plus que je me porte bien.

PHILOMÈNE. Va, il doit être fièrement malade pour qu'on le cache comme ça.

PATRICE. Peut-être ben que ce qu'il a, ça s'attrape.

PHILOMÈNE. Allons donc! un grand seigneur, des maladies pareilles!...

PATRICE, *avec gravité.* C'était bon sous l'ancien régime que les nobles avaient des maladies pour eux, qu'on leur faisait tout exprès; mais au jour d'aujourd'hui, grosse bête, ils ont les maladies de tout le monde.

PHILOMÈNE, *prêtant encore l'oreille.* Oh! cette fois, j'ai bien entendu...

PATRICE. Il a parlé?

PHILOMÈNE. Oui, — laisse-moi regarder, — tiens, — par le trou de la serrure.

PATRICE, *écartant de la porte Philomène qui s'approchait.* Merci!... dans ta position!...

PHILOMÈNE, *se récriant.* Comment! ma position!...

PATRICE. Eh bien oui : une supposition qu'il aurait un cataplasme sur les joues, j'aurais donc un héritier... Ah! mais non! (*Se mettant au trou de la serrure.*) C'est moi qui vas regarder : je n'ai rien à craindre, moi. (*Il regarde par le trou. Sur les derniers mots entre Vincent Baudry qui lui allonge son pied au derrière. Patrice se retourne furibond.*) Mille noms de nom! Qui est-ce qui a dit ça?

VINCENT BAUDRY. Moi. Ça t'apprendra à regarder aux portes, drôle!

PHILOMÈNE. Mais... citoyen!...

PATRICE, *à Vincent Baudry.* Ah ça, c'est pour plaisanter, j'espère?

VINCENT BAUDRY. Mais non : c'est très sérieux.

PATRICE, *un moment interloqué, puis se remettant.* A la bonne heure, parce que vous savez, citoyen, moi, je n'aime pas la plaisanterie... (*S'enhardissant.*) Ah, mais non, je ne l'aime pas... ni ma femme non plus.

VINCENT BAUDRY. Si jamais je t'y repince!...

PATRICE. Marchez plus fort alors et qu'on vous entende!

VINCENT BAUDRY, *à Philomène qui vient de reprendre son plateau.* Vous, donnez-moi tout ça... (*Il lui prend ce qu'elle a apporté, assiettes, verres, etc.*). Et faites comme si je changeais du vêtement essentiel.

PHILOMÈNE, *sans comprendre.* Si vous changiez?...

VINCENT BAUDRY, *à Patrice.* Dis donc à ta femme ce qu'elle aurait à faire si je changeais de.... tu comprends, imbécile.

PATRICE. A se retourner, parbleu!...

VINCENT BAUDRY. Eh bien, fais-en autant, toi aussi, et plus vite que ça, sac à papier!

PATRICE, *se tournant.* C'est bon, c'est bon : on ne regarde pas. (*Elle attire Patrice à elle.*) Poltron! tu n'as pas seulement osé lui en rendre autant...

PATRICE. Peuh! Je suis au-dessus de ces misères-là, moi!

PHILOMÈNE. Va, si l'enfant doit avoir une marque, je sais bien où il l'aura, moi!... C'est une honte!... J'ai ressenti le contrecoup!

(*Vincent Baudry, pendant ce temps, a pris les assiettes, les verres, etc. sur un plateau et se dispose à sortir.*)

VINCENT BAUDRY. J'ai acheté leur discrétion : profitons-en. (*Il ouvre la porte en question et sort emportant le plateau. La porte se referme. On entend le bruit de la clef. Patrice et Philomène restent seuls. Puis entrent Maximilien et des soldats.*)

SCÈNE VII.

PATRICE, PHILOMÈNE, *puis* MAXIMILIEN, SOLDATS.

PATRICE, *guettant le moment où la porte se ferme pour courir y regarder.* C'est le moment... (*Il met l'œil au trou de la serrure.*)

PHILOMÈNE. Comment! tu y retournes après ce qui vient de t'arriver!

PATRICE. Oh! je n'ai pas peur qu'il rentre maintenant! (*Regardant.*) Sac à papier! comme il dit, la clef est restée dans la serrure : pas moyen de rien voir!...

(*Sourdes rumeurs au dehors.*)

PHILOMÈNE, *écoutant.* Ah! mon Dieu! qu'est-ce qu'il y a donc dans la rue?

PATRICE. Tiens! c'est vrai.

PHILOMÈNE, *allant regarder dans la galerie.* Des soldats...

PATRICE, *regardant aussi.* Et le citoyen Maximilien avec eux!... Il n'est pourtant pas invité celui-là...

PHILOMÈNE. Mais j'ai peur, moi; que se passe-t-il?

(*Entrent Maximilien et les soldats. Ceux-ci se rangent au fond dans la galerie.*)

MAXIMILIEN, *entrant, à Philomène.* Rien évidemment qui vous concerne, mon enfant.

Rassurez-vous donc et veuillez prévenir vos maîtres de ma présence.

PATRICE. Permettez, citoyen colone : il y a le citoyen chevalier que vous ne pourrez pas voir.

MAXIMILIEN. Pourquoi donc?

PATRICE. Malade.... comme.... (*Cherchant.*) un malade, quoi !

MAXIMILIEN. Vraiment? Je l'ignorais...

PATRICE. Vous lui mettriez la tête sur le billot que vous ne le feriez pas sortir de son lit, parole d'honneur.

MAXIMILIEN. C'est bien. Prévenez alors mademoiselle de Monge seulement. Celle-là m'attend du moins.

PATRICE. Tout de suite, mon colonel ; nous y allons.

MAXIMILIEN. Laissez aller votre femme et restez, mon ami : je voudrais vous parler.

PATRICE, *à Philomène*. Va vite alors, va vite... (*A mi-voix.*) Aussi vite que le permettra ta position...

PHILOMÈNE, *impatientée*. Encore!...

PATRICE, *la faisant sortir*. Toujours, bibiche... toujours !... (*Philomène sort par le fond à droite.*)

SCÈNE VIII.

PATRICE, MAXIMILIEN, puis DIANE. *Au fond, les soldats.*

MAXIMILIEN, *se parlant à lui-même*. Interroger cet homme? A quoi bon? Il ne sait rien sans doute... et puis, il y a là quelque chose qui me répugne... Il le faut cependant : je me le dois à moi-même, à ceux qui m'entourent et partagent mes dangers. Il y a donc bien nombreuse compagnie aujourd'hui à l'hôtel de Monge?

PATRICE. Dame, tous ceux que le chevalier a invités à dîner dans son temps, et c'est ça qui vous fait de la société.

MAXIMILIEN. Mais s'il est alité, comment pourra-t-il faire les honneurs de chez lui?...

PATRICE. Ah! pour ça, il y a le citoyen Saint-Christol : c'est le dernier ami de monsieur ; mais, vous savez, aux derniers les bons. Toute la maison lui appartient... et aujourd'hui, dame, plus que jamais...

MAXIMILIEN. Oui, je sais, je comprends. (*A part.*) Oh! ce Saint-Christol que je retrouve partout et qui m'échappe toujours!

PATRICE. C'est tout ce que le citoyen colonel se fait l'honneur de me demander?...

MAXIMILIEN. Non. Quelle est la maladie du chevalier de Mauge?

PATRICE. Je n'en sais rien ; mais je vais tout de même vous le dire, parce que c'est vous. Seulement ne le répétez pas : il y a son médecin qui est un cachotier fini.

MAXIMILIEN. Vincent Baudry! (*A part.*) Un autre encore que je surveille !...

PATRICE. Eh bien, le chevalier est fou !... oh! mais fou à lier!

(*Entre Diane.*)

MAXIMILIEN. Fou!

PATRICE, *qui vient d'apercevoir Diane entrant*. Chut! voilà mademoiselle : ne le lui dites pas surtout : elle n'en sait rien et elle a bien assez de peine comme ça.

MAXIMILIEN. Je vous le promets. Retirez-vous et merci.

PATRICE, *au moment de sortir*. Quel homme tout de même !... Faudra que je conseille à Loumèie de l'envisager... (*Il sort par la galerie du fond; les soldats lui font peur, il se sauve par le côté*).

SCÈNE IX.

MAXIMILIEN, DIANE.

DIANE, *restée au fond*. Que lui dire, mon Dieu? Je me sens mourir !...

MAXIMILIEN, *allant à Diane*. Vous m'avez écrit, Diane, et je suis venu : parlez, je vous écoute...

DIANE, *désignant les soldats*. Mais nous ne sommes pas seuls...

MAXIMILIEN. Ces soldats, n'est-ce pas? — Vous vous étonnez. — C'est que nous vivons en des temps si troublés, que les plus braves et les plus loyaux ont besoin d'agir avec la plus grande prudence.

DIANE. Même dans cette maison?

MAXIMILIEN. Oui, même dans cette maison. Au moment où j'allais en franchir le seuil, une balle est venue frapper un des cavaliers de mon escorte. Rassurez-vous : quelques gouttes de sang ; à peine une égratignure. — D'où était parti le coup? Impossible de le savoir : l'arme de l'assassin est un de ces engins inventés par les lâches, qui n'ont ni détonation, ni flamme, ni fumée. Je crois qu'il faut mépriser pareils attentats. Mais mes compagnons ont pensé qu'on en voulait plutôt à leur chef qu'à eux-mêmes, et ils ont tenu à m'accompagner... J'ai dû céder à leur dévouement.

DIANE, *toute confuse*. Quelle honte, mon Dieu !

MAXIMILIEN, *avec ironie*. Maintenant qu'ils m'ont vu auprès de vous, Diane, j'espère qu'ils ne me refuseront plus de se retirer.

DIANE, *avec élan*. Mais c'est ma vie qui répond de la vôtre, entendez-vous, Maximilien?

MAXIMILIEN, *froidement*. Vous n'avez pas le droit de parler ainsi, puisque vous ne vous appartenez plus.

DIANE. Ah! vous êtes impitoyable! (*Elle tombe assise sur le siège, près de la cheminée.*)

MAXIMILIEN, *aux soldats*. Allez, mes amis. (*Les soldats sortent.*)

DIANE. Je redoutais votre haine, et vous m'accablez de votre mépris.

MAXIMILIEN, *revenant vers Diane*. Non, Diane, ma pitié seulement.

DIANE. Oui, plaignez-moi. Vous ne saurez jamais ce que j'ai souffert pour en arriver là! Je succombe sous une fatalité inexorable, et rien au monde ne pourrait me sauver !

MAXIMILIEN, *un peu ironique*. Je vous ai connue moins résignée. Vous aviez peur déjà, mais vous me disiez : Venez à mon aide. Aujourd'hui, si vous m'appelez, c'est pour me dire qu'il est trop tard.

DIANE, *se levant*. Écoutez-moi. Vous vous rappelez la nuit fatale où, frappé par une main inconnue, notre malheureux ami expirait dans vos bras. Le lendemain des funérailles, je revins chez mon père. Lui aussi rentrait d'une de ces absences si fréquentes alors. Il me fit appeler. Je le trouvai dans sa chambre, malade, mourant plutôt. « Jurémoi d'obéir, me dit-il, à ce qui est ma volonté formelle. Si je survis à mon mal, c'est ta docilité qui m'aura sauvé. Si je meurs, elle protégera ma mémoire. » Puis, me montrant un de ceux qui entouraient son chevet : « Tu l'épouseras, ajouta-t-il. »

MAXIMILIEN. Et vous avez juré ?

DIANE. Je vous ai dit que mon père se mourait.

MAXIMILIEN. Mais si son langage n'eût été que l'effet de la fièvre, du délire ?

DIANE. En était-il moins sacré pour moi ?

MAXIMILIEN. Ainsi, c'est un adieu que vous êtes venue me dire là ?

DIANE. Non... mais un pardon que je te demande !... Oh ! ne me maudis pas !

MAXIMILIEN, *avec exaltation*. Te maudire, toi qui fus la bénédiction vivante que Dieu m'avait donnée... toi sur qui reposait tout ce qu'il y a de pur et de fort dans mon cœur ?... Est-ce que tu as pu le penser un instant, mon amie, ma sœur ?... Mais à toute heure je t'invoquais et je t'invoque encore !... J'adore jusqu'à ta cruauté. J'aime jusqu'à ton abandon ! — Tiens, tout à l'heure, je me faisais dur, hautain, irrité, que sais-je ? — Je mentais !... Je suis sans force contre toi et contre moi-même... et il me prend comme une rage folle de t'emporter dans mes bras et de fuir avec toi jusqu'au bout du monde !...

DIANE. Tais-toi !... tais-toi !... Je n'ai pu résister aux autres ; mais me défendre contre toi, est-ce que j'en serais capable ?

MAXIMILIEN. Tout est donc fini !... Ah ! belles années de ma jeunesse, qu'êtes-vous devenues ?

DIANE. Maximilien... au nom de ma mère !...

MAXIMILIEN. Viens ici. Donne-moi tes mains. Approche ton front, ton cœur. Va, ce n'est pas un amant qui force ta chasteté... ce n'est pas un rival qui dispute ta conquête, c'est un misérable qui veut contempler une dernière fois sa chimère perdue ! Mon Dieu, j'ai eu tout ce qu'on peut avoir, les titres, les richesses, la gloire, j'ai renoncé à tout pour faire mon devoir... et voilà ma récompense !

DIANE. Tiens, sais-tu ce qui nous reste encore ? J'y ai pensé, moi : la mort.

MAXIMILIEN. Le suicide ! allons donc ! ce n'est pas à nous de mourir. Mais il est un homme que j'ai condamné depuis longtemps : c'est celui qui te prend à moi...

DIANE. Maximilien, tu ne ferais pas cela !

MAXIMILIEN. Oui, je n'ai pas le droit d'aller lui dire : Vous me volez mon bonheur, je vous tue ! — Car c'est un adversaire pour moi, un ennemi politique, comme on dit. Si j'allais le provoquer, on dirait que j'exploite au profit de ma cause mes haines personnelles ; et quoique cet homme soit un factieux, un rebelle et pis encore peut-être, il faut que j'impose silence à ma vengeance, que j'élucide patiemment mes soupçons et qu'une à une je ramasse mes preuves dans le sang. Mais, Dieu merci, mon heure est proche !

DIANE. Que veux-tu dire ?

MAXIMILIEN. Que c'est folie d'aller poursuivre le marquis de Saint-Christol et les siens sur les champs de bataille : ils ne s'y risquent que pour détourner la piste. Ils se feront battre rien que pour qu'on les laisse assassiner...

DIANE. Et c'est là l'homme à qui mon père m'a donnée !

MAXIMILIEN. Il l'ignore, comme nous l'ignorions tous, et se laisse prendre, avec bien d'autres, à l'étalage de convictions qui lui sont chères. Mais ici le drapeau n'est qu'un voile et je vais le déchirer.

DIANE, *à part*. Mon Dieu !...

MAXIMILIEN. Tu me rappelais tout à l'heure l'homme vénéré que j'ai vu mourir assassiné. Le coupable n'a pas été retrouvé ; mais s'il vit encore, ah ! qu'il tremble !... il me sera facile de le reconnaître...

DIANE. Dis-tu vrai ? Je ne suis qu'une femme... mais je crois que je trouverais la force de t'aider !

MAXIMILIEN. Je l'avais poursuivi... au hasard... dans les ténèbres ; au moment où il s'échappait par la fenêtre, je frappai, et sa main, Diane, oui, sa main tomba sur le plancher... On te cacha ce hideux trophée ; mais il appartenait à la justice : il fallut le ramasser, l'examiner. Une vraie main de gentilhomme, blanche et douce, faite pour l'oisiveté... Ah ! je sais bien ce qu'elle était venue voler : l'argent du Directoire, au profit de ce qu'ils appellent leur cause... ils le disent, du moins... mais ils mentent !

DIANE. Achève...

MAXIMILIEN. Mademoiselle de Monge, tout ce qu'il y a de grands seigneurs à Avignon, tout ce que la clémence de la nation y a toléré ou laissé revenir d'émigrés ou de nobles va se donner rendez-vous à la signature de votre contrat. Si je restais, comme c'en est mon droit et peut-être mon devoir, pensez-vous qu'il me serait bien difficile de trouver l'assassin de M. d'Oberval ?

DIANE. Reste alors, reste... je le veux, je t'en prie...

MAXIMILIEN. Non. Il me répugne de t'infliger cette dernière torture, noble et innocente victime de nos fureurs civiles. — Je vais me retirer ; mais j'ai mieux encore pour retrouver le coupable : une bague prise à sa main coupée et qui porte un chiffre et une devise : la sienne évidemment. (*Tirant la bague et la montrant à Diane.*) Si l'on n'avait pas enlevé les blasons à toutes les gentilhommières de la province, je serais allé droit au repaire de la bête et je l'aurais déjà saisie dans son antre. (*Donnant la bague à Diane.*) Regarde.

DIANE, *après avoir regardé, étouffant un cri.* Ciel !... qu'ai-je vu ?...

MAXIMILIEN. Eh bien... qu'as-tu donc ?

DIANE, *s'efforçant de se remettre*. Rien... je ne sais...

MAXIMILIEN. Ne va pas croire que si ces armes t'étaient connues, j'exigerais la moindre dénonciation...

DIANE. Mais non... je ne les connais pas... je ne les ai jamais vues. (*A part et se contraignant.*) Seigneur ! Seigneur ! donnez-moi la force de mentir...

MAXIMILIEN. A chacun sa tâche, pauvre sœur. Rends-moi ce sinistre bijou. (*Il veut reprendre la bague.*)

DIANE, *regardant encore la bague.* Non... un

instant, un instant encore !... (*A part.*) Mais tu ne peux pas t'y méprendre, malheureuse ! Ah ! c'est horrible... Cette bague !... si je pouvais la broyer, l'anéantir !

MAXIMILIEN, *qui était remonté.* C'est la justice d'en haut qui se charge de fournir les preuves à celle des hommes. (*Reprenant la bague.*) Avec ce talisman, la Providence me mènera droit au coupable : je n'en ai pas douté un instant...

DIANE. Maximilien... Maximilien... (*Elle est complétement affolée. La voix lui manque. Son geste est devenu suppliant.*)

MAXIMILIEN. Mais tu trembles... ta voix s'éteint... ton regard m'évite...

DIANE. Par grâce... Plus que jamais j'ai besoin de toi peut-être... de ton affection... de ta pitié surtout.

MAXIMILIEN. Plus que jamais ?...

DIANE. Ne m'interroge pas... ne me demande rien... Seulement, ce mariage que tu détestes autant que moi, il ne se fera pas !... Mes serments, je les foule aux pieds !... Les prières des uns, les menaces des autres, je brave tout ! Je leur dirai à tous : Je ne veux pas !

MAXIMILIEN, *avec joie.* Vous l'entendez, mon Dieu !

DIANE. On vient ! laisse-moi... J'en mourrai, vois-tu... mais je n'ai que toi au monde... Je n'espère qu'en toi... pour toi, pour les miens !... Que m'as-tu dit un jour : « Tout ce qui t'approche, tout ce qui te touche est sacré pour moi... » Va, va, et souviens-t'en !... Ah ! fasse Dieu que je n'aie jamais à te le rappeler ! (*Maximilien sort.*)

SCÈNE X.

DIANE, puis SAINT-CHRISTOL, UN NOTAIRE. HASTYER, PATRICE, puis DE MONGE; BAUDRY, LES COMPAGNONS.

DIANE, *un instant seule.* Oui, je l'ai reconnue cette bague, c'est celle que portait mon père... Ces armoiries, cette devise, tout est à lui, bien à lui !... J'ai cru que j'allais tomber foudroyée à cette place !... Mais non: j'ai bien toute ma raison et ma pensée remonte sans faillir de cette preuve aux autres... C'est cela ; l'absence d'abord, puis le retour ; enfin, cette maladie si proche de la mort... et surtout cet éloignement où l'on m'a tenue... Moi, la fille d'un... (*S'arrêtant.*) Non, je ne dirai jamais ce mot... Il y a erreur, mensonge... Dieu ne l'a pas permis... (*Joignant les mains.*) Ma mère, vous qui, du ciel, avez dû protéger ceux que vous laissiez sur cette terre... éclairez-moi... inspirez-moi !...

(*Entrent Saint-Christol, le notaire et Patrice.*)

SAINT-CHRISTOL, *au notaire.* Entrez, maître Désormeaux : c'est dans ce salon que nous signerons le contrat. Préparez les siéges, Patrice.

PATRICE, *à part.* C'est fini, il n'y a plus que lui pour commander.

DIANE, *à part, regardant Saint-Christol.* Et cet homme... notre mauvais génie...

(*Entrent Hastyer et les Compagnons.*)

SAINT-CHRISTOL, *allant à Diane et courtoisement.* Eh bien, mademoiselle de Monge, vous êtes-vous enfin accoutumée à l'idée de mon bonheur ?...

DIANE. S'il ne fallait le payer que de mon repos, peut-être me résignerais-je ; mais il doit m'en coûter mon honneur, n'y comptez pas...

SAINT-CHRISTOL. De grâce... souffrez...

DIANE. Ne m'approchez pas... ne me touchez pas !...

PATRICE, *à part, regardant Diane et Christol.* Tenez, ils ne sont pas encore mariés et voilà que ça commence !

(*Au notaire.*)

Voilà la place nette, citoyen notaire.

SAINT-CHRISTOL, *à Hastyer, bas.* C'est vous qui me valez cet accueil-là. Elle sait qu'on a tiré sur le colonel.

HASTYER, *bas.* On l'a manqué. Mais une autre fois je lui réserve mieux...

SAINT-CHRISTOL, *haut.* Vous savez, messieurs, quelle grave et longue maladie retient M. de Monge, mon beau-père, dans ses appartements : il a cependant voulu faire, pour un jour au moins, taire la souffrance et donner à la cérémonie qui nous rassemble la sanction de sa chère présence. Veuillez lui épargner seulement la fatigue de vos félicitations : nous nous connaissons tous de trop longue date pour n'en pas savoir tout le prix... sans nous le dire...

(*Entrent Baudry et de Monge; celui-ci en robe de chambre, la main droite dans la poche. Il est faible. Baudry le soutient.*)

DIANE, *à part.* Mon père !... Ah ! je veux la vérité à tout prix...

SAINT-CHRISTOL, *voulant retenir Diane.* Ma chère Diane, épargnez-lui les émotions...

DIANE. Ce n'est plus maintenant que vous m'empêcherez d'arriver jusqu'à lui !... (*Elle va résolument jusqu'à de Monge.*)

VINCENT BAUDRY, *faisant asseoir de Monge.* C'est tout bonnement mon chef-d'œuvre que je vous amène là, messieurs. Modestie à part, je ne crois pas qu'on eût pu faire mieux...

DE MONGE, *bas à Baudry.* On ne soupçonne rien, n'est-ce pas ?

VINCENT BAUDRY. Le moyen, avec cette robe de chambre ?... (*Il passe vers Saint-Christol.*)

DIANE, *qui est près de de Monge.* Mon père ?

DE MONGE. Vous, Diane, que voulez-vous ?

DIANE. Vous parler. Un mot suffira.

DE MONGE. A quoi bon ? Vous connaissez ma volonté, et le moment est venu de vous y conformer.

DIANE. Quel pouvoir a donc sur vous l'homme à qui vous me sacrifiez ?

DE MONGE. Que vous importe ? Ce secret n'est qu'à moi.

DIANE. En êtes-vous sûr, et d'autres que lui ne peuvent-ils pas vous perdre ?

DE MONGE. Qui donc ?

DIANE. Ceux à qui votre longue disparition a donné l'éveil.

DE MONGE. J'étais malade.

DIANE. Et si l'on savait ce qu'était cette maladie ?

DE MONGE. Malheureuse !

HASTYER, *désignant de Monge et Diane à Saint-Christol.* Les voilà qui s'exclament : prends garde, Christol, ça tourne mal.

SAINT-CHRISTOL, *venant à Diane.* Votre père a

besoin des plus grands ménagements; je vous l'ai dit, ma chère Diane.

VINCENT BAUDRY. Et je ne permets que les émotions douces... et encore !...

DE MONGE. Oui... oui... qu'elle me laisse !...

DIANE, *suppliante*. Mon père, je vous en prie, voyez, je n'interroge plus, je ne sais rien, je ne veux rien savoir... mais, par grâce, par pitié pour vous-même, non, non, pas ce mariage !

DE MONGE. Tu as promis comme moi, folle !... comme moi, obéis !

DIANE. Mon père, mon père !

SAINT-CHRISTOL, *au notaire*. Je crois, maître Désormeaux, que nous nous connaissons assez, monsieur de Monge et moi, pour passer outre à la lecture des pièces. Le temps nous presse du reste, et nous nous contenterons de signer. (*Prenant la plume.*) Je me fais un plaisir et un honneur de donner l'exemple de la confiance la plus absolue. (*Il signe.*)

DIANE, *presque aux genoux de de Monge*. Je vous en conjure... épargnez moi !...

SAINT-CHRISTOL, *à de Monge*. A votre tour, cher beau-père.

DIANE. Non !..

DE MONGE. Donnez... (*Il prend la plume de la main gauche.*)

DIANE, *qui le regarde*. Il va signer. — Mais alors... ce n'est pas lui !... (*Avec un cri étouffé.*) Ah ! de la main gauche !

DE MONGE, *à Diane*. Vous ne douterez plus, quand j'aurai mis mon nom là, que ma volonté est irrévocable !... (*Il va pour signer.*)

DIANE, *allant à lui*. Non ! vous ne signerez pas ! (*Elle le saisit à bras le corps de manière à prendre le bras droit au-dessous du coude.*)

DE MONGE, *la repoussant avec un cri*. Oh ! malédiction ! vous m'avez fait mal...

DIANE, *à part*. C'était lui ! (*Elle se cache la figure dans ses mains.*)

VINCENT BAUDRY, *bas à de Monge*. Ferme, sac à papier ! On vous regarde !... Vite, un parafe et c'est fini !...

DE MONGE, *après avoir signé, tendant la plume à Diane*. A vous. Je le veux.

DIANE. Jamais !

DE MONGE. Obéissez.

SAINT-CHRISTOL. Prenez garde !...

DIANE. Jamais, vous dis-je, dussiez-vous m'écraser sous vos pieds ! Allez, je vous connais maintenant ! Il n'y a plus de père ici... il n'y a plus de fiancé !... il n'y a même pas des hommes que la honte ou la crainte puisse toucher !... il y a des égorgeurs qui hantent les bois, des bandits qui prennent d'assaut le foyer des autres ! il y a des assassins !... Oui ! tous... vous êtes des assassins !...

DE MONGE. Je suis perdu !... (*Il s'appuie à la table.*)

SAINT-CHRISTOL, *saisissant Diane*. Vous tairez-vous, malheureuse !...

VINCENT BAUDRY. Elle est folle !... (*Ils essayent de la contenir.*)

DIANE, *se débattant*. Assassins !... tuez-moi donc aussi, mais vous ne m'aurez pas vivante. (*Sa voix devient haletante, — elle suffoque, balbutie, puis tombe évanouie.*) Je vous défie... je vous... Ah ! (*Elle tombe épuisée.*)

(*Tableau.*)

SIXIÈME ACTE

A Avignon : une salle du palais des Papes. Porte et fenêtres au fond. — Portes latérales. — Table avec écritoire, papiers, etc., sièges.

SCÈNE PREMIÈRE.

MAXIMILIEN, UN SOLDAT, SAINT-CHRISTOL, HASTIER ET VINCENT BAUDRY. — *Au lever du rideau, Maximilien et le soldat en scène : l'un assis, lisant un papier; l'autre debout, au port d'armes.*

MAXIMILIEN, *regardant le papier*. Le sauf-conduit qu'on t'a présenté est bien en règle. Tu peux laisser entrer ceux qui te l'ont remis. (*Le soldat sort.*) Cet homme se présenter ici !... Après ce qui s'est passé !... Que veut-il donc ?... Qu'espère-t-il ? Me tromper ou me braver ?... Tant d'audace me confond !

(*Entrent Saint-Christol, Vincent Baudry et Hastyer. Ils s'arrêtent au seuil et Saint-Christol, tournant le dos à Maximilien qu'il affecte de ne pas voir, cause avec Baudry d'un ton dégagé.*)

SAINT-CHRISTOL, *au fond*. Mais regardez donc, Baudry : c'est une gageure, parole d'honneur. Dehors, dedans, partout ils l'ont fourrée, leur sempiternelle devise : Liberté, égalité, fraternité. — Ces vieilles murailles féodales doivent elles être étonnées, hein ?

MAXIMILIEN, *qui écoutait, remontant vers Saint-Christol*. Pourquoi cela, citoyen ?— Les papes ont, il y a quelques siècles, habité ce palais, dit-on. — Eh bien, nous n'avons trouvé rien de mieux que ces trois mots pour rappeler le Dieu qu'ils représentaient parmi nous.

SAINT-CHRISTOL, *se retournant et feignant la surprise*. Comment ! vous étiez là, colonel !

MAXIMILIEN. N'est-ce pas moi que vous cherchiez, précédés du sauf-conduit qu'on vient de nous remettre ?

SAINT-CHRISTOL. En effet, nous vous cherchions, mes amis et moi, car votre soldat nous avait laissés à nous-mêmes avec une confiance toute républicaine...

HASTYER, *bas à Baudry*. Dont nous ferons notre profit, n'est-ce pas ? (*Ils remontent au fond.*)

SAINT-CHRISTOL, *reprenant*. Mais n'importe, je ne me repens pas de ma sotte réflexion de tout à l'heure, car à la façon dont vous expliquez les choses — tudieu, mon colonel, je vois que, bon gré mal gré, il faudra nous entendre.

MAXIMILIEN. Veuillez me dire ce que vous attendez de moi, citoyen.

VINCENT BAUDRY, *bas à Saint-Christol qui est redescendu*. Allons ! ferme ! de l'aplomb, marquis.

SAINT-CHRISTOL, *bas*. Est-ce que j'en ai manqué, jusqu'ici ? (*Haut.*) Colonel, ces messieurs sont-ils de trop ? (*Il désigne Hastyer et Baudry.*)

MAXIMILIEN, *s'asseyant.* Non, citoyen. Quoi que j'aie à vous répondre, tout le monde peut entendre.

SAINT-CHRISTOL. Parfait... C'est qu'on leur fait, me disent-ils, un crime d'être de mes amis. Il paraît que je suis très-compromettant. Par exemple vous avez arrêté ce pauvre de Monge : est-ce moi qui lui ai valu cette mésaventure?

MAXIMILIEN. Le citoyen de Monge est sous le coup d'une accusation capitale... il a été convaincu d'assassinat et de vol...

SAINT-CHRISTOL. Croyez-vous?

MAXIMILIEN. La Cour martiale a prononcé.

SAINT-CHRISTOL. Soit. — Peut-être, cependant, avez-vous été un peu vite en besogne. Jugez donc : qui l'accusait? Sa fille ; et dans quelle circonstance? — Sous l'influence d'un véritable accès de folie?

MAXIMILIEN. Mademoiselle de Monge n'a pas à comparaître devant les juges de son père. La loi — notre loi — n'admet pas semblables témoins. Il a suffi, pour la condamnation, que l'identité du coupable fût constatée.

SAINT-CHRISTOL. Ah! tant mieux! tant mieux! Voilà des délicatesses qui me vont droit au cœur, et j'ai bien fait de venir vous trouver.

MAXIMILIEN, *sèchement.* Encore une fois, qu'est-ce qui vous amène, citoyen?

SAINT-CHRISTOL. Hé mais! n'ai-je pas eu l'honneur de vous le dire?... C'est que j'ai rompu avec ces gens-là. Ils me compromettaient, moi et ma cause...

MAXIMILIEN. Ah! votre cause!...

SAINT-CHRISTOL. Certes oui. Ne jouez pas l'étonnement, vous savez comme moi ce qu'il en est, cher colonel : vous avez devant les yeux — que dis-je? — vous tenez entre vos mains un des adversaires les plus acharnés du Directoire. — Avouez-le : je vous ai donné bien du fil à retordre, n'est-ce pas? Mais bah! tout a un terme ; et, comme on dit, les meilleures folies sont les plus courtes. Aussi, c'est fini, bien fini. Et je viens à vous et je vous dis : vous représentez l'avenir, et moi le passé, tendons-nous une main fraternelle et signons en l'honneur du présent un bel et bon traité de paix.

MAXIMILIEN, *se levant.* Comment! vous prétendez que je traite avec vous!

SAINT-CHRISTOL. Pourquoi pas? Est-ce que votre confrère le général Hoche n'a pas, en Bretagne, accepté de Charette, le chef vendéen, les propositions que je vous fais?

MAXIMILIEN. Le chef vendéen Charette était un ennemi loyal... tandis que vous...

SAINT-CHRISTOL. Achevez...

VINCENT BAUDRY, *bas à Hastyer et toujours un peu au-dessus à droite.* Sac à papier! c'est ici que les cartes se brouillent...

MAXIMILIEN, *se contenant.* Je ne parlerai que lorsque le moment sera venu. — A présent, je n'ai qu'un mot à répondre à vos offres : Je refuse...

SAINT-CHRISTOL. A votre aise. Rien ne vous touche, ni la générosité de ma démarche, ni l'effusion de sang qu'il est en votre pouvoir d'arrêter, ni même cette gloire que vous vaudrait la pacification de nos malheureuses provinces... Alors, qui vous retient, monsieur : faites-moi arrêter?

MAXIMILIEN. Vous êtes venu ici sous la protection d'un sauf-conduit : vous pourrez vous retirer librement. Ah! je sais depuis longtemps quelle part vous avez dans les hontes et les misères de nos guerres civiles ; mais si la loi que je représente est inexorable, c'est qu'elle veut, pour frapper, une lumière complète, et qu'elle ne connaît de coupable que celui qu'elle a saisi l'arme à la main. Or, vous, marquis de Saint-Christol, je conviens que je ne vous ai jamais trouvé ni sur le champ de bataille, ni sur le lieu du crime. — Qui vous abritait? Qui vous tenait à distance des coups ou des dénonciations? — Votre prudence, votre rang? Peu importe! Mais prenez garde : cette prudence peut avoir ses moments de faiblesse et d'erreur. Ce rang n'est pas si haut qu'on n'en puisse descendre... et qu'arriverait-il, enfin, si ceux qui vous surveillent s'apercevaient jamais que la place que vous y occupez ne vous appartient pas?

SAINT-CHRISTOL. Que voulez-vous dire?

MAXIMILIEN. Rien que ce que j'ai dit... et puissent mes paroles vous profiter!...

SAINT-CHRISTOL, *à part.* Ah! malheureux! elles te perdront!

MAXIMILIEN. Je n'ai plus rien à vous dire, citoyen. Vous pouvez vous retirer.

SAINT-CHRISTOL, *reprenant son air souriant.* Grand merci de l'entretien, colonel. En effet, c'est une leçon. (*Bas à Hastyer et à Baudry.*) — Faites maintenant : je vous le livre.

VINCENT BAUDRY, *bas à Saint-Christol.* Que ne lui avez-vous offert de l'argent? Il reste encore des billets de banque qui ont payé le juif Gunhbi.., et la main qui les avait préparés n'est pas encore coupée, celle-là.

SAINT-CHRISTOL, *haussant les épaules.* De l'argent à cet homme!... imbécile!

HASTYER. C'est du plomb qu'il faut. Je m'en charge!

SAINT-CHRISTOL, *revenant vers Maximilien.* Adieu! colonel Maximilien. Vous êtes un vainqueur généreux, c'est vrai ; mais comment ferez-vous pour vous approprier le prix de la victoire : la main de mademoiselle de Mong, la fille de votre condamné? Vous êtes un héros, soit... mais un politique, j'en doute.

MAXIMILIEN, *irrité.* Sortez... sortez... ou je...

SAINT-CHRISTOL. Vous savez bien que j'ai un sauf-conduit, et que votre signature me protége contre vos rancunes. (*A Hastyer et à Baudry.*) — Venez, messieurs. (*Saint-Christol, Hastyer et Baudry sortent. Maximilien reste, puis entre Patrice du fond droit.*)

SCÈNE II.

MAXIMILIEN *seul,* puis PATRICE.

MAXIMILIEN. Il s'en va, confiant dans sa lâcheté, heureux du dernier coup dont il vient de me frapper... et je me suis contenu... j'ai résisté à ma haine... à ma conviction... Mais combien durera encore son impunité et pourra-t-il m'échapper quand je n'ai pas fait grâce aux autres?

(*Entre Patrice.*)

PATRICE, *se montrant.* Vous y êtes, mon officier?

MAXIMILIEN, *se retournant.* Qui êtes-vous?.. que me voulez-vous?
PATRICE. Eh bien, c'est moi, Patrice... le mari de Philomène... le père de son...
MAXIMILIEN. Laissez-moi !..
PATRICE, *insistant.* Mais c'est que je ne suis pas seul...
MAXIMILIEN, *comprenant.* Elle !.. elle ici !..
PATRICE. Je l'amène...
MAXIMILIEN. Non ! non !... Je ne puis pas... je ne dois pas la voir!
(*Entre Diane suppliante, éplorée.*)

SCÈNE III.

Les Mêmes, Diane.

DIANE, *du fond.* Maximilien... par pitié !...
(*Elle s'avance avec peine.*)
MAXIMILIEN, *désespéré.* O mon Dieu ! donnez-moi la force !...
PATRICE. Je crois que je n'ai plus grand'chose à faire ici moi, serviteur (*Il sort par le fond.*)
DIANE, *s'approchant encore.* Mon ami, mon frère, écoute-moi !..
MAXIMILIEN. Ah ! que vas-tu me dire?
DIANE. Regarde-moi au moins. Je me traîne à peine ; mes yeux se sont séchés à force de pleurer ; la pâleur qui couvre mon front est celle de la mort !... oui ! la vie se retire de moi... Je ne peux plus exister, j'en suis indigne ! je suis maudite !
MAXIMILIEN. Tais-toi ! tais-toi ! (*Il la fait asseoir.*)
DIANE. Mon père est condamné, et c'est moi qui l'ai livré !
MAXIMILIEN. Tu sais bien que non. Tu te rappelles bien la preuve, l'irrécusable preuve que j'avais entre les mains : elle seule a tout fait !
DIANE. Ne cherche pas à me faire illusion sur l'horreur dont je me sens enveloppée !... j'ai le vertige, vois-tu ?... Mais à travers les ténèbres où ma raison s'égare, ton souvenir m'est apparu comme une lueur d'espérance, et je suis venue te demander, à toi, qui es tout puissant, la grâce de celui que j'ai perdu.
MAXIMILIEN. Malheureuse, tu as pu croire !..
DIANE. Quoi donc?... est-ce que nos cœurs ne battent plus à l'unisson ? est-ce que ta volonté n'est plus la mienne ?... est-ce que tu ne m'as pas juré un jour que tout ce qui m'approchait était sacré pour toi ?
MAXIMILIEN. Et mon devoir ?...
DIANE. Son devoir ! Il parle de son devoir !... Moi aussi je fais le mien, je rachète un instant d'égarement et de folie ! Et j'obéis à une loi plus forte que les vôtres, celle qui ne veut pas que l'enfant soit le bourreau de son père. (*Elle se lève.*)
MAXIMILIEN. Ah ! c'est horrible !
DIANE. Réponds-moi.
MAXIMILIEN. Non ! tu ne me comprendrais pas ! Tu ne pourrais pas me comprendre !
DIANE. Un mot seulement... un mot qui me rassure et me console. (*Un moment de silence.*) —Rien, rien !.. Tu détournes les yeux, tu caches ton visage !...Tu veux qu'il meure ?... Mais c'est une lâcheté sans nom, sais-tu bien, que de s'armer contre un homme des paroles de sa fille! C'est une lâcheté encore que de laisser à ses pieds, se mourant de honte et de désespoir, une malheureuse créature à qui, d'un mot, l'on rendrait et l'espérance et l'honneur... Lâcheté toujours que d'abjurer la foi donnée et de repousser le cœur et la main de celle à qui l'on a demandé son amour...
MAXIMILIEN. Dis-moi de mourir pour toi, Diane, mais rien, rien au delà...
DIANE. Est-ce ta vie qu'il me faut?... C'est celle de mon père!... Que peut donc pour tes triomphes un cadavre de plus?... Tu sais bien qu'il y a d'autres coupables : pourquoi lui, et pas les autres?... Non, tu ne feras pas cela !... Tu le laisseras fléchir, tu auras pitié !... Est-ce parce qu'il t'a méconnu que tu le châties ?... Pardonne-lui !... Tiens ! je m'offre à sa place !... Tu feras de moi ce que tu voudras. Souviens-toi, mon Maximilien, souviens-toi ; tu m'as dit : Je voudrais fuir avec toi au bout du monde. Eh bien, je suis prête... je te suis... je t'appelle... Que nous font les hommes à nous qui nous aimons uniquement? Il y aura du bonheur partout pour nous deux... mais il ne faut pas laisser ce sang derrière !... Tu pleures !... Ah ! mes baisers effaceront tes larmes !...
MAXIMILIEN, *très-grande émotion.* Diane, ma bien aimée... je t'en conjure... tu me déchires le cœur...
DIANE. Tu ne refuses plus... tu consens...
(*Entre Roger un pli cacheté à la main.*)

SCÈNE IV.

Les Mêmes, ROGER, *entrant de droite.*

ROGER, *remettant le pli à Maximilien.* Pour vous, mon colonel : cela vient du quartier-général.
MAXIMILIEN *vivement.* Plus bas, Roger, plus bas !... (*Il lui désigne Diane.*)
DIANE, *à part et s'écartant à la vue de Roger.* Le fils !... Oh ! qu'il ne me voie pas !
ROGER, *bas à Maximilien.* Je comprends, mon colonel. — Mais je puis pardonner à la fille maintenant que j'ai apporté là de quoi être vengé du père. (*Il sort.*)

SCÈNE V.

MAXIMILIEN, DIANE.

DIANE. Et maintenant, voyons, Maximilien, les heures nous sont comptées... qu'allez-vous faire?
MAXIMILIEN, *qui a décacheté le pli.* Ce que cette dépêche m'ordonne...
DIANE. Mais que dit-elle? Parle! Ah! voilà toutes mes terreurs revenues !
MAXIMILIEN. Une volonté plus puissante que la mienne commande ici, et si j'avais pu m'écarter un seul instant du devoir, elle m'y aurait rappelé. (*Il passe au n° 1.*)
DIANE. Mon Dieu!
MAXIMILIEN. Soumettons-nous et sachons trouver l'un dans l'autre le courage et la résignation qui nous manquent. (*Il sonne, peu après entre un soldat.*)
DIANE. Que faites-vous ?
MAXIMILIEN, *après avoir parlé bas au soldat qui se retire.* Vous allez revoir votre père, Diane; mais c'est plus qu'un adieu que je vous permets de lui dire.

DIANE. Un adieu!
MAXIMILIEN. La condamnation qui le frappe est sans recours. — Je puis cependant intervenir... oui, j'essayerai d'en adoucir pour lui, pour vous, la rigueur. Comprenez-moi bien : c'est à la descendante d'une race illustre que je parle, à une fille de haut rang dont les aïeux se sont transmis de siècle en siècle un blason sans tache. Il convient qu'au moment où l'on vous fait un crime de ce passé, rien n'en souille la pureté. Voilà pourquoi, moi, qui suis citoyen et qui fus gentilhomme, je me décide à retrancher de l'arrêt ce qui pourrait en rejaillir sur vous, que je respecte, que je vénère... c'est-à-dire le déshonneur!..
DIANE. Mais je ne veux pas vous comprendre!
MAXIMILIEN. Regardez les armes que je mets là, sur cette table. (*Il ôte de sa ceinture deux pistolets et les place sur la table.*) — Votre père va vous être amené : il les verra et il comprendra, lui!
DIANE. Quoi! vous voulez!...
MAXIMILIEN. Sauver tout ce qui peut être sauvé encore : votre honneur, Diane. Ne m'en demandez pas davantage, ni vous ni lui... Du reste, je serai là!..
(*Entre de Monge, qu'amène le soldat.*)

SCÈNE VI.

LES MÊMES, DE MONGE, LE SOLDAT, *qui se retire.*

DIANE, *épuisée et vaincue.* Je voudrais lui répondre... il dit vrai cependant! il dit vrai...
DE MONGE, *en entrant, au soldat.* Où me conduisez-vous?... que me veut-on?
(*Le soldat désigne Maximilien, puis, sur un signe de celui-ci, il sort.*)
MAXIMILIEN. Parlez à votre fille, monsieur, à elle seulement. (*Il remonte au fond.*)
DE MONGE. Elle ici!
DIANE. Mon père!
DE MONGE. Qui l'a appelée? Pourquoi est-elle venue?
DIANE. Ce langage!... Je n'ose arrêter mes regards sur lui!...
DE MONGE. Vous venez contempler votre œuvre?
DIANE. Par grâce... ne dites pas cela.
DE MONGE. C'est au tribunal qu'il vous fallait venir... Vous auriez peut-être compris que vous aviez à vous rétracter...
DIANE, *baissant la voix.* Mais le pouvais-je, même si je l'avais voulu?
DE MONGE. Ah oui! je sais. (*Ironiquement.*) Encore cette bague trouvée je ne sais où... Et qui me dit que ce n'est pas vous... oui, vous qui me l'avez dérobée... pour en gratifier votre amant?
DIANE. Mon père, ne blasphémez pas!
DE MONGE. La main aussi était une preuve!... Eh bien, vous ne pouviez pas ignorer que si je suis mutilé, c'est à la suite d'un accident arrivé à la chasse. (*Il regarde du côté de Maximilien.*)
DIANE, *qui ne comprend pas.* Mais...
DE MONGE, *se rapprochant de Diane et à mi-voix.* Mais dites donc comme moi!... Vous le voyez pas que cet homme nous écoute et qu'une parole de vous peut encore me sauver la vie!
DIANE, *avec dégoût.* C'est là ce que vous attendez de moi, mon père!
DE MONGE. Ce que j'exige, puisque je te tiens là.

DIANE, *avec résolution.* Eh bien, non : c'est impossible. J'ai pu m'humilier pour fléchir ceux de qui votre sort dépend... je me suis mise à leurs genoux, j'ai attenté même à leur conscience... Mais mentir! Ah! vous savez que la vérité s'échappe malgré moi de mes lèvres.
DE MONGE, *exaspéré.* Alors, va-t'en! va-t'en! ta vue m'est odieuse! c'est le supplice qui commence et je ne veux pas. (*Il va à l'extrême droite.*)
DIANE. Écoutez-moi!
DE MONGE. Rien! Mais ignores-tu donc qu'une malédiction porte malheur, même quand elle frappe un innocent? Oui, j'ai fait le mal sans le savoir, je le jure, et ma victime m'a maudit. Depuis ce jour-là, j'ai été perdu... Eh bien! vertueuse fille, à mon tour aussi, je te...
MAXIMILIEN, *qui écoutait, s'avance et l'interrompt.* Silence, monsieur... vous avez perdu le droit de condamner.
DIANE. Ayez pitié de lui, Maximilien, comme vous venez d'avoir pitié de moi.
MAXIMILIEN, *avec dédain.* Oui! la pitié... c'est tout ce que cet homme mérite...
DE MONGE. Monsieur, j'en appelle de l'arrêt absurde qui me frappe : vous avez des chefs, un ministre. Je vous somme de me laisser leur écrire.
MAXIMILIEN. Impossible. C'est à moi que vous appartenez désormais.
DIANE. Ah! ce mot, ce mot épouvantable!... (*Prenant un parti.*) Non, il ne faut pas que l'échafaud. (*Elle passe au nº 2, Maximilien remonte.*) J'hésitais tout à l'heure; cette pensée de vous dire, moi, votre fille : Sachez mourir! me faisait horreur... Et, cependant, vous ne voulez pas tomber honteusement sous la main d'un bourreau?... Vous ne voulez pas que des liens infâmes vous servent de linceul, et que votre dernier soupir s'exhale au milieu des huées de la foule?... C'est ce qui vous attend, mon père!... Et puis la honte pour votre mémoire, pour votre nom que ma mère a porté!... C'est vrai, tout cela est cent fois plus terrible que la mort même. (*Le menant près de la table.*) Vous le comprenez comme moi... C'est ce qui vous fait trembler, car vous tremblez, mon père! Eh bien! (*Lui montrant les pistolets.*) Prenez, et dussiez-vous me maudire cette fois, délivrez-vous!
DE MONGE, *reculant.* Jamais!... jamais!... je ne veux pas mourir!...
DIANE. Vous ne voulez pas?... Vous préférez la honte, l'infamie pour vous et les vôtres!... Ah! prenez garde!... il me vient je ne sais quelle abominable pensée.
MAXIMILIEN. Laissez-nous seuls, Diane.
DIANE. Oui, pour aller prier et pour vous et pour lui. Pour qu'il lui envoie le repentir au moins, et à vous, la clémence! S'il faut une victime à sa colère, me voilà : un peu plus et je méritais qu'il me foudroyât.
MAXIMILIEN. En disant que votre père m'appartenait, c'est un espoir que je vous ai donné, Diane.
DIANE. Hélas! quoi que vous fassiez, ce père est bien perdu pour moi! (*Elle sort par la gauche.*)

SCÈNE VII.

MAXIMILIEN, DE MONGE.

DE MONGE, *à part.* Si cet homme, qui doit me haïr, allait me tuer!...

MAXIMILIEN. Monsieur le chevalier de Monge, vous êtes un lâche.

DE MONGE. Monsieur !...

MAXIMILIEN. Je ne sais ce qui retient ma main et m'empêche de purifier de votre immonde présence l'air que je respire.

MAUGE. Que vous ai-je fait ?

MAXIMILIEN. Dans vos acolytes, les Compagnons du Soleil, il y a des braves pourtant et qui, je les ai vus, jouent loyalement leur tête et savent payer quand ils ont perdu...

DE MONGE. Ah ! j'ai trop souffert pour vouloir mourir !

MAXIMILIEN. Il est donc bien vrai que le crime dégrade et que plus on avance dans le mal, plus on tombe dans la bassesse. Réjouissez-vous : je vous ai trouvé trop vil pour vous supposer dangereux. Vous ne mourrez pas !

DE MONGE. J'ai donc grâce?

MAXIMILIEN. Je vous condamne à vivre et à traîner d'une honte à l'autre votre impuissante lâcheté. Regardez votre bras : à défaut du remords, voilà le souvenir. On dit que, lorsqu'un membre est coupé, il reste, à la place qu'il a perdue, la part de vie qui lui appartenait, avec tous ses besoins, toutes ses passions : vous ressentirez donc tous les frémissements des crimes que vous avez commis, et le sang de vos victimes jaillira encore tout brûlant sur cette main imaginaire...

DE MONGE. Vous croyez m'épouvanter !... Mais tout, plutôt que la mort !

MAXIMILIEN. Prenez ce chapeau, ce manteau : ces insignes qu'ils portent vous assureront le passage. Je vais moi-même vous conduire hors de cet édifice, votre prison. Demain, quand vous serez loin, j'irai me livrer à mes chefs et donner ma vie puisque je vous ai laissé la vôtre. Il me suffit, pour me résigner à mourir, de savoir que je serai pleuré par votre fille. (*Il lui a donné le manteau et le chapeau placés sur une chaise.*) Venez. (*Ils sortent. — La scène reste vide un instant; puis entrent par une porte latérale et avec précaution Saint-Christol et Vincent Baudry.*)

SCÈNE VIII.

SAINT-CHRISTOL, VINCENT BAUDRY.

VINCENT BAUDRY, *entrant le premier.* Venez, la place est vide...

SAINT-CHRISTOL, *entrant aussi et allant au fond regarder par la fenêtre.* Oui, il s'éloigne : c'est bien lui que je vois là-bas, avec son manteau militaire et son chapeau empanaché.

VINCENT BAUDRY, *regardant.* Il est facile à reconnaître, sac à papier... (*Revenant en scène.*) C'est égal : j'ai le cœur gros, si tant est que ce viscère puisse contenir autre chose que le vide...

SAINT-CHRISTOL. Oh ! je suis tranquille, moi, et j'attends les événements sans la moindre inquiétude.

VINCENT BAUDRY. Pourvu qu'Hastyer, le mo-ment venu, ne se fourvoie pas, et retrouve le souterrain qui, de ce palais des papes, mène si heureusement à la Croix-qui-saigne !

SAINT-CHRISTOL. C'est son affaire. Il s'est chargé de tout.

VINCENT BAUDRY. N'importe : je suis dans mes petits souliers et ça m'inquiète, surtout s'il nous faut jouer des jambes...

(*Entre Diane.*)

SCÈNE IX.

LES MÊMES, DIANE.

DIANE, *regardant.* Où sont-ils ?... où est mon père ?... (*Coups de feu au dehors.*) — Ces coups de feu !... C'est pour m'éloigner qu'il me trompait !... Mon père est mort !... (*Elle s'élance pour sortir, Saint-Christol lui barre le passage.*)

SAINT-CHRISTOL, *s'approchant.* Le chevalier de Monge ?... Rassurez-vous, belle demoiselle : ces coups de feu ne sont pas à son adresse. Je sais qui a tiré : des hommes à moi. — A qui en avaient-ils ? me direz-vous. — Je me ferai encore un vrai plaisir de vous l'apprendre; car enfin, il faut bien que je prenne ma revanche, moi aussi.

DIANE. Oh! ce sourire de démon !

SAINT-CHRISTOL. Donc ces hommes à moi, apostés dans un endroit commode et assurés de leurs moyens de retraite, attendaient votre amant, et quand celui-ci a traversé la cour où mène cette galerie, ils ont tiré. Et nous pouvons vous le dire en toute assurance: c'est le colonel Maximilien qui vient de mourir là...

(*Entrent Maximilien, puis Roger et les soldats.*)

SCÈNE X.

LES MÊMES, MAXIMILIEN, ROGER, SOLDATS AU FOND.

MAXIMILIEN. Tu te trompes, Trestaillon... (*Il marche sur Saint-Christol qu'il saisit.*)

SAINT-CHRISTOL. Trestaillon ! moi !... (*Les soldats l'entourent et le maintiennent.*)

VINCENT BAUDRY, *à part.* Sac à papier ! la voilà finie la comédie ! (*On l'entoure aussi.*)

SAINT-CHRISTOL. Mais je proteste... il y a méprise !... on me rendra raison !...

MAXIMILIEN. Tu es Trestaillon, te dis-je, le forçat de Toulon, et tu te caches ici sous les titres de ton premier maître que tu as assassiné, laquais !... Ne discute pas, ne nie pas : l'homme qui t'a fait connaître est une de tes victimes. Il ne mentait pas, car il allait paraître devant Dieu... C'est celui-là même qui, frappé par les balles que les tiens me destinaient, a succombé au moment où je voulais le sauver.

DIANE. Maximilien ! qu'ai-je entendu?

MAXIMILIEN. Dieu n'a pas permis que le salut de votre père s'accomplît, Diane: inclinez-vous avec moi devant sa justice, et apprenons de lui qu'il est de ces châtiments que nous devons suspendre, sous peine d'attenter à ses lois éternelles.

(*Diane se laisse tomber à genoux, soutenue par Maximilien. Les soldats maintiennent Baudry et Saint-Christol : tableau.*)

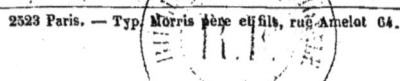

2523 Paris. — Typ. Morris père et fils, rue Amelot 64.

www.ingramcontent.com/pod-product-compliance
Lightning Source LLC
Chambersburg PA
CBHW060720050426
42451CB00010B/1534